# 天下均平 - 度·量·衡

# 도·량·형

The Special Exhibition of Weights & Measures

# 600選

天下均平 - 度·量·衡

# 도·량·형

The Special Exhibition of Weights & Measures

600選

**발행** 장호성

**기획** 정영호

**진행** 기수연, 오호석

**도와주신 분** 이지영, 최선호

**사진** 서헌강사진연구소

**엮은곳** 단국대학교 석주선기념박물관
Tel 031-8005-2389~90

**펴낸곳** 단국대학교출판부

**등록** 1968. 2. 27 : 제03-95호

**주소** 경기도 용인시 수지구 죽전로 152
Tel 031-8005-2404 Fax 031-8021-7154

**디자인&인쇄** 신양사 02) 2275-0834

2011년 10월 27일 초판 인쇄
2011년 11월 3일 초판 발행

Published by Dankook University Press

Printed in Korea

ISBN 978-89-7092-472-4 93380

**일러두기**

1. 본 도록은 단국대학교 석주선기념박물관 고고 미술 분야에서 개최한 도량형 특별전의 전시 도록입니다.
2. 유물 설명은 유물명(국문, 한문, 영문), 시대, 실측치순으로 하였습니다.
3. 실측 단위는 cm이며 유물의 가로×세로×높이를 나타냅니다.

# 天下均平 - 度·量·衡
# 도·량·형
## The Special Exhibition of Weights & Measures
## 600選

石宙善紀念博物館 편

단국대학교출판부

度·量·衡

# 축 사

단국대학교 석주선기념박물관의 고고 · 미술분야 제2회 특별전, '天下均平-도·량·형(度量衡) 600選'을 風霜高潔의 가을 하늘 아래 개최하게 되었습니다. 度量衡은 인류의 문화 발달과 그 길을 함께 해 온 삶의 동반자라고 할 수 있습니다. 도량형의 기준을 세우고 적용하는 일은 동서양을 막론하고 경제생활의 기초이자 경제활동을 원활하게 하는 가장 중요한 일들 가운데 하나로 인식되어 왔습니다.

이번에 선보이는 도량형기들은 한국 도량형의 변천사를 한눈에 살펴볼 수 있는 우리 역사의 중요한 산물로 소중히 아끼고 간직해야 할 우리 모두의 문화유산이라고 할 수 있습니다. 이번 특별전을 통해 처음 공개되는 박물관 소장의 도량형기들은 역사적으로도 가치가 큰 유물입니다. 오랜 역사를 간직한 본교 박물관의 끊임없는 학술적 노력을 가늠해볼 수 있는 소중한 기회가 될 것으로 생각됩니다. 그리고 2009년 죽전캠퍼스에 신축 개관한 우리 박물관이 명실상부한 전국 대학 최고 박물관으로서의 역할과 자부심을 보여주는 계기라 할 수 있습니다.

아무쪼록 석주선기념박물관에서 개최하는 이번 전시를 통해 우리 조상들의 삶 속에 담겨진 생활의 지혜를 엿 볼 수 있는 기회가 되기를 바랍니다. 아울러 이번 특별전이 우리 단국대학교의 학생들과 교직원, 나아가 지역 주민들이 다 함께 전통문화를 통하여 교감할 수 있는 계기가 되기를 바랍니다.

끝으로 바쁘신 가운데 옥고를 보내주신 여러 교수님들께 감사드리며, 이번 특별전 준비를 위해 남다른 관심과 애정을 가지고 애써주신 정영호 관장님을 비롯하여 석주선기념박물관의 학예연구원 및 직원 여러분 모두의 노고에 격려와 감사의 마음을 전합니다.

2011년 11월

학교법인 단국대학 이사장 김학준

# 간 행 사

우리의 역사와 문화에 대한 이해를 증진시키고, 그것의 대중화를 도모하는 일은 박물관의 사명과 임무라 할 수 있습니다. 이와 같은 박물관의 역할에 충실하기 위하여 단국대학교 석주선기념박물관도 본교의 건학 이념인 홍익인간의 정신에 입각하여 전통문화의 보존과 계승을 통한 역사 이해와 문화 창달에 기여하고자 수차례 특별전을 진행해 왔습니다. 이번에 개최되는 고고미술분야 제2회 특별전 '天下均平-도·량·형' 도 그러한 노력의 결과라고 할 수 있습니다.

우리 역사에서 도량형은 중국의 영향을 많이 받았다고 합니다. 그러나 우리 선조들은 이를 한층 발전시켜 우리 것으로 새롭게 만들어 경제활동의 기초가 되도록 했습니다. 삼국시대부터 조선시대까지 경제생활의 중요한 척도가 되는 도량형기를 우리 실정에 맞도록 발전시켜 사용했습니다. 그래서 도량형기들은 우리 민족 특유의 독창성이 발현된 유물이자 선조들의 삶을 보여주는 소중한 문화유산이기도 합니다.

이번 특별전을 통해 처음 공개되는 도량형기들은 역사적, 학술적 가치가 매우 크다고 할 수 있습니다. 그리고 '天下均平-도·량·형(度量衡) 특별전' 전시와 함께 '한국도량형의 변천과 그 의미' 라는 주제로 개최되는 특별 초청 강연회를 통해 우리 역사 속에서 도량형이 가졌던 의미와 가치를 이해하고, 선조들의 삶과 숨결을 느끼는 기회가 되었으면 하는 바람입니다.

본교 박물관은 그동안 경기문화재단으로부터의 지원을 받아 '17세기 무관, 신경유묘 출토복식 이야기 展' 을 비롯하여 2009년 '벼루 600選 展' 등 의미 있는 특별전을 성대히 개최한 바 있습니다. 이번에도 경기도와 용인시의 후원을 받아 본교 박물관이 소장하고 있는 각종 도량형 관련 유물들이 빛을 보게 되었습니다. 후원에 깊이 감사드립니다. 그리고 특별전 준비를 위해 수고를 아끼지 않은 정영호 관장님을 비롯하여 특별전의 준비와 진행에 노고를 아끼지 않은 모든 학예연구원들과 직원들에게도 이 자리를 빌어 감사의 인사를 전합니다.

2011년 11월

단국대학교 총장

## 인 사 말

# '天下均平 도·량·형(度·量·衡) 600選'을 개최하면서

우리 박물관 고고 · 미술 분야에서는 '벼루 600選' 특별전에 이어 이번에는 '天下均平 도·량·형(度·量·衡) 600選' 특별전을 준비했습니다. 이번 도·량·형 특별전은 본 박물관이 소장하고 있던 800여 점의 도·량·형 중에서 특별히 600여 점을 선별하여 전시하게 되었습니다. 이들 유물들은 해마다 전국을 조사하고 발굴하면서 수집한 유물들로서 우리 박물관이 그동안 꾸준히 해온 유물 수집의 노력이 들어 있는 것입니다.

그 중에는 시골 농가에서 수집한 되와 말, 포천 반월산성과 부여 부소산록사지에서 발굴한 저울추도 포함되어 있습니다. 또한 중요민속자료로 지정된 덕온공주가 사용했던 자와 저울, 저울집을 통해서는 당시 궁중 문화와 생활상을 느끼실 수 있을 것입니다.

도·량·형은 길이, 부피, 무게를 재는 기구인 자, 되, 말, 저울 등을 가리킵니다.

도·량·형의 발달은 인류의 역사와 맥을 함께하고 있습니다. 중국을 최초로 통일한 진시황의 통일 정책 가운데 하나도 바로 도·량·형의 통일입니다. 이와 같이 도·량·형은 전통시대 토지의 측량, 세금 징수, 봉록의 지출, 공평한 무역, 성곽의 건축 및 수공업의 번영과 같은 일상생활에서 국가의 안정된 지배와 통일을 이루는 데 기본적인 역할을 했으며 일반민들의 경제생활에서도 중요한 역할을 했습니다.

따라서 통일된 도·량·형의 기준 제시와 유지가 궁극적으로 인간에게 풍요롭고 안정되고 평화로움을 가져다 준다는 사실은 바로 弘益人間의 기본 이념인 널리 인간을 복되게 한다는 우리 학교의 실천 이념과도 일치한다고 할 수 있습니다.

이번 전시를 통해 우리 조상들의 계측 문화를 이해하고 조상들의 삶과 숨결이 담겨 있는 유물들을 감상하면서 오늘을 사는 지혜를 찾으실 수 있기를 기대합니다.

이번 전시를 위해 수고를 아끼지 않은 여러 박물관 연구원과 직원들께 감사하며 지원을 아끼지 않은 학교 당국에도 고마움을 드립니다. 또한 바쁜 가운데서도 각 시대별로 도량형 관련 원고를 집필해 주신 여러 교수님들과 끝으로 박물관 사업에 관심을 갖고 지원을 해준 경기도와 용인시에도 깊은 감사의 인사를 전합니다.

2011년 11월

단국대학교 석주선기념박물관 관장 정영호

# 天下均平 - 度·量·衡

# 도·량·형

The Special Exhibition of Weights & Measures

# 차 례

The Special Exhibition of

# Weights and Measures

Seok Juseon Memorial Museum Dankook University

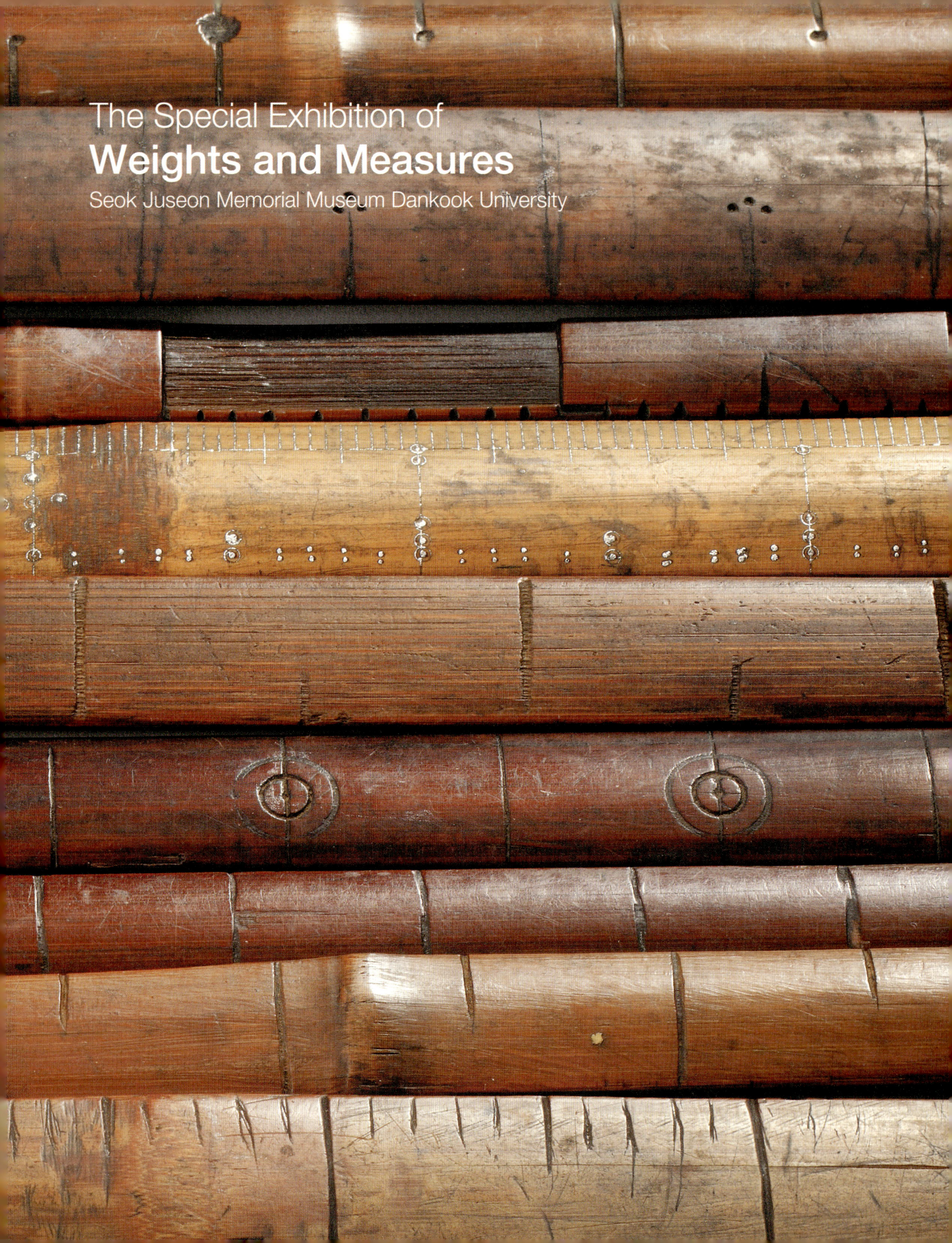

# 5 度

# 길이를 재다

001

**고려척 高麗尺**

Goryeo-cheok, Ruler of Goryeo dynasty

고려 高麗 Goryeo dynasty

51×1.6cm 동(銅)

시체(屍體)를 재는 검시척(檢屍尺)

## 주척(周尺)

주척은 중국의 모든 문물제도가 주대(周代)에 기원을 두고 있다는 유가사상에서 나온 것으로 토지와 도로의 측량, 기구의 측정, 신주의 제작 등에 주로 사용하였다. 우리나라에서는 삼국시대에 들어와 고려를 거쳐 조선시대까지 사용하였으며 대부분의 자들이 여기에 근거를 두고 만들어졌다. 조선 초기에는 『주자가례(朱子家禮)』에 실려 있는 사마공의 석각주척(石刻周尺)을 따랐으나 판본이 오래되어 잘 맞지 않자 태조 2년(1393) 허조(許稠)가 원나라 사람 진리(陳理)로부터 얻은 주척과 중추원사 김강(金剛)이 입수한 상아주척을 가지고 『가례』의 그림 크기를 교정하여 바로잡았다. 세종 12년(1430)때에는 박연(朴堧)이 만든 황종척(黃鍾尺)을 기준으로 다시 만들어 사용하였다. 그 이후에도 조선시대 주척은 세종, 세조, 숙종, 영조, 정조, 순조 때까지 계속해서 개정 복원되었다. 주척을 『경국대전』에 규정된 미터법으로 환산해 보면 약 20cm 정도이다.

002

**주척 周尺**

Chu-cheok, Ruler of Chu dynasty

조선 朝鮮 Joseon dynasty

20.5×1.5cm 자작나무 · 석류나무[樺榴], 은(銀)

## 영조척(營造尺)

영조척은 기준이 되었던 자(尺)로써 목수들이 건물을 지을 때 주로 사용했다. 궁궐, 관청 등을 짓는 경우 외에도 무기, 형구(刑具), 선박을 제조하거나 성곽, 교량, 도로를 축조할 때 그리고 건축과 차량의 제조에도 사용되었다. 말이나 되와 같은 부피를 재는 양기(量器)를 만드는 기준척으로써의 역할도 했다. 시대에 따라 척도가 여러 번 바뀌었지만, 영조척은 일상생활에서 많이 사용하였기 때문에 그 길이가 크게 변하지 않아 다른 척도 체계의 고증에 중요한 참고가 되었다. 조선시대 영조척은 세조 12년(1466)에 31.24cm로 통일되었는데 이후로 점차 줄어들어 광무 6년(1902)에 지금과 같은 30.30cm로 고정되었다.

003

**영조척 營造尺**

Yeongjo-cheok, Carpenter's ruler

조선 朝鮮 Joseon dynasty

길이 61~64.5cm

004

**병각척 竝刻尺**

Byeonggak-cheok, Carpenter´s ruler

조선 朝鮮 Joseon dynasty

42×26cm 앞면은 영조척, 뒷면은 주척(19.8cm)

'高一尺二寸 廣三寸 厚一寸二分 坐板方四寸 厚一寸二分'

'陷中長六寸 廣一寸 深四分 前四分 後八分' 의 명문

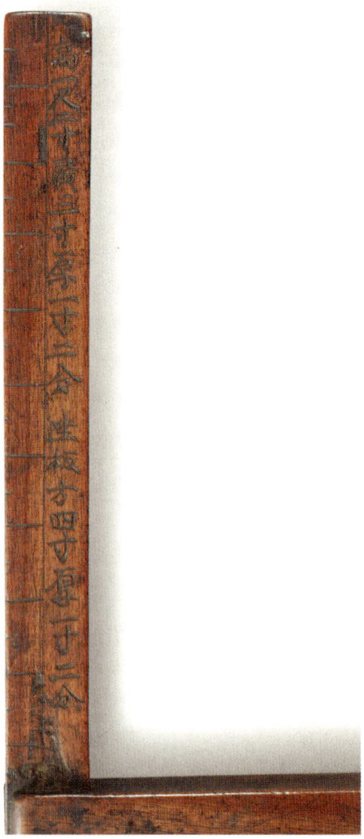

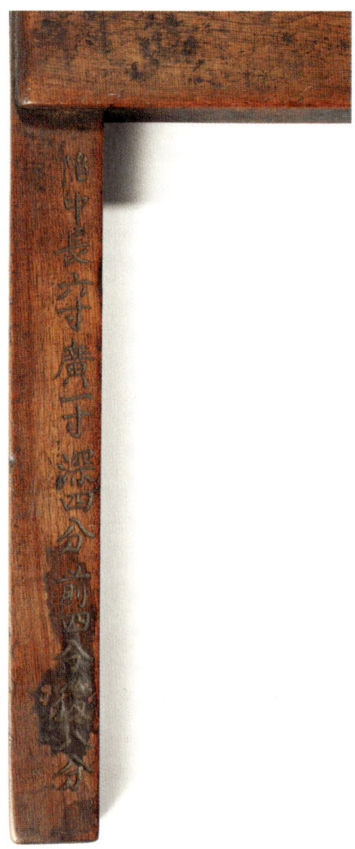

## 연귀자

연귀자는 연귀맞춤을 위하여 45도 또는 다른 각도를 이룬 자이다. 연귀맞춤이란 직각으로 맞추어지는 부재의 모서리를 마구리가 보이지 않게 45도로 접어서 맞추어지는 형태를 말한다. 연귀자는 크기가 작아 한손에 들어오고 여러 모로 쓸모가 많기 때문에 목수의 작업 시 빼놓을 수 없는 자였다. 사선그리기, 직각선 그리기, 직각 확인 등의 작업에 주로 사용되었다.

005
**연귀자(헐럭자) 緣歸尺**
Yeongwi-ja, Mitre ruller

조선 朝鮮 Joseon dynasty
14.2×12.1cm '八角' 명문

006
**삼각자 三角尺**
Samgak-ja, Triangle Ruler

조선 朝鮮 Joseon dynasty
21.4×13.2cm

007
**연귀자(헐럭자) 緣歸尺**
Yeongwi-ja, Mitre ruller

조선 朝鮮 Joseon dynasty
자 25.5×2.3 손잡이 10.4×3.2cm

008
**연귀자(헐럭자) 緣歸尺**
Yeongwi-ja, Mitre ruller

조선 朝鮮 Joseon dynasty
L 28.5×18.1 R 23.3×19.8cm

## 곡척 (曲尺)

목수 등이 사용하는 직각으로 굽은 자로 곡척(曲尺), 기역자라고도 한다.
길이가 서로 다른 2개의 나무를 맞추어 ㄱ자 모양으로 만들었으며 긴 쪽을 '장수(長水)', 짧은 쪽을 '단수(短水)' 라 한다.
세로자는 주로 손잡이로 사용했으며, 가로자에 눈금을 새겨 사용하였다. 먹매김할 때 쓴다고 해서 먹자[墨尺] 라고도 하며 미레자라고도 한다.

009
**상아곡척　象牙曲尺**
Sangagok-cheok, Ivory Try square

조선　朝鮮　Joseon dynasty
36×15.4cm

상아로 덧대어져 있는 ㄱ자 모양의 자로써
곡자, 곱자, 기역자로 불린다. 주로 직각을 재는 데 사용했다.

010
**곡척　曲尺**
Gok-cheok, Try square

조선　朝鮮　Joseon dynasty
자길이 30.3~12.6　손잡이 48.5~15.2cm

011
**다양한 형태의 곡자들**
Various Try squares

조선 朝鮮 Joseon dynasty

012
**대나무곡척 竹製曲尺**
Daenamugok-cheok, Try square made of bamboo

근대 近代 Modern period
36.4×18.7cm

013

**접자곡척 曲尺**

Jeopja-Gokcheok, Try square

근대 近代 Modern period

17.1×23cm

접어서 사용할 수 있도록 만든 곡척

014

**접자 摺尺(折尺)**

Jeop-ja, Folding scale

근대 近代 Modern period

61×2cm

여러 겹으로 접어서 휴대하기 편리하게 만든 4단 접자

015

**정자자 丁字尺**

Jeongja-ja, T-shaped Ruler

조선 朝鮮 Joseon dynasty

L 자 45.5×3.5 손잡이 46.2×3.4cm

R 자 43.5×2.5 손잡이 23.7×2.7cm

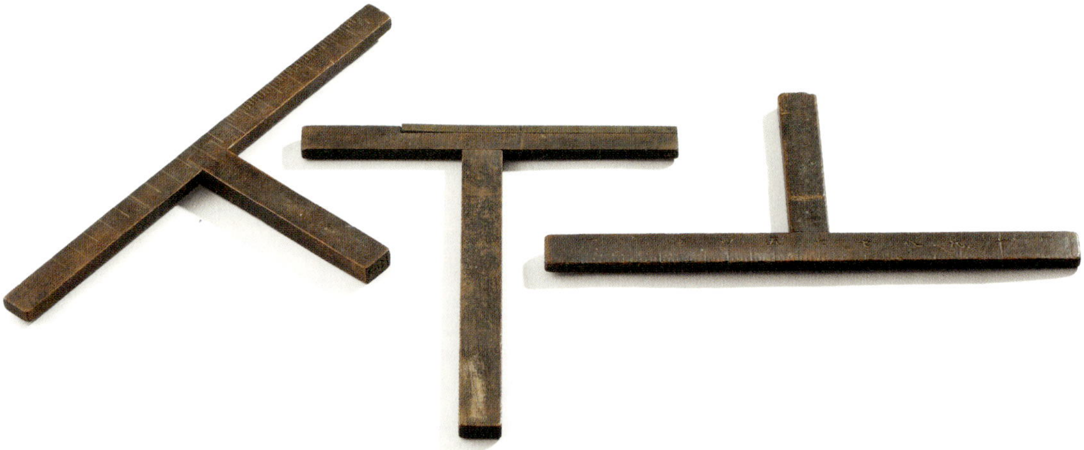

016

**정자자 丁字尺**

Jeongja-ja, T-shaped Ruler

조선 朝鮮 Joseon dynasty

자 36~45.5 손잡이 15.1~18.4cm

017

**정자자 丁字尺**

Jeongja-ja, T-shaped Ruler

조선 朝鮮 Joseon dynasty

L 자 36.3×2.3 손잡이 13×1.4cm

R 자 36.6×2.9 손잡이 18.4×2cm

018

**정자자(대) 丁字尺(大)**

Jeongja-ja, T-shaped Ruler(large size)

조선 朝鮮 Joseon dynasty

L 자 45.5×2.3×1.2 손잡이 43.4×3×1.5cm

R 자 45.8×2.7×1.3 손잡이 37.5×2.7×1.4cm

019

**자(2척) 二尺**

Ja(I-cheok), Inscripted Ruler

조선 朝鮮 Joseon dynasty
60.8×1.8cm
'官', '二尺' 명문

020

**명문자 銘文尺**

Myeongmun-ja, Inscripted Ruler

조선후기 朝鮮後期 Late Joseon
58.6×2.6cm
'一尺九寸三分', '祝' 명문

021

**울릉도기념자 鬱陵島記念尺**

Ulleung-do memorial Ruler

조선후기 朝鮮後期 Late Joseon
53×2.7cm
'鬱陵島 記念' 명문

022

## 덕온공주주단척 德溫公主紬緞尺

Judan-cheok, Princess Deogon's ruler

중요민속자료(重要民俗資料) 212호
Important Folklore Material No.212
19세기 전반 19世紀 前半 Early 19th Century
길이 50cm 자작나무 · 석류나무[樺榴]

왕실에서 비단의 길이를 잴 때 사용하던 자

023

**주단척 紬緞尺**

Judan-cheok, ruler for sewing

조선 朝鮮 Joseon dynasty

길이 50.3~51.5cm 자작나무 · 석류나무[樺榴]

## 포백척(布帛尺)

포백척은 옷감을 측량하거나 옷을 재단할 때 사용하는 바느질자로 침척(針尺), 면주척(綿紬尺), 저포척(苧布尺), 포척(布尺), 경척(鯨尺), 재척(裁尺) 등을 포함한다. 포백척은 민간에서 많이 통용되었으며 법정척(法定尺)이 아니었기 때문에 시대와 지방에 따라 길이의 차이가 많이 났다. 세종 12년(1466) 주척을 고정(考正)할 때도 포백척은 척도의 차이가 심해서 각 관을 시켜 죽척을 만들어 경시서(京市署)에 보내 그것에 준해 교정하도록 하였다. 재는 옷감의 종류, 사용되는 장소와 용도에 관계없이 모두 포백척이라고 일컫지만 세밀하게 구분하면 포백척은 상인들이 포백을 측량할 때 사용하는 상업 전용자인 반면 침척은 가정에서 재단할 때 사용하는 개인용 자이다. 포백척을 미터법으로 환산하면 대략 46㎝ 정도인데 광무 6년(1902) 도량형이 개혁되면서 일본 곡척(曲尺)으로 통일되자 포백척도 곡척에 기준하여 1척 6촌(48㎝)이 되었으며, 광무 9년(1905)에 도량형법이 제정되자 1척 7촌(52㎝ 정도)으로 되었다.

024

**자개문흑칠포백척　螺鈿黑漆布帛尺**

Pobak-cheok, Sewing ruler with mother-of-pearl

조선~근대　朝鮮~近代　Joseon~Modern period

길이 53~55cm

자개로 눈금을 표시하고 북두칠성과 각종 문양, '壽富多男子'와 같은 여인들의 염원을 담은 길상구를 새겨서 장식미를 더했다.

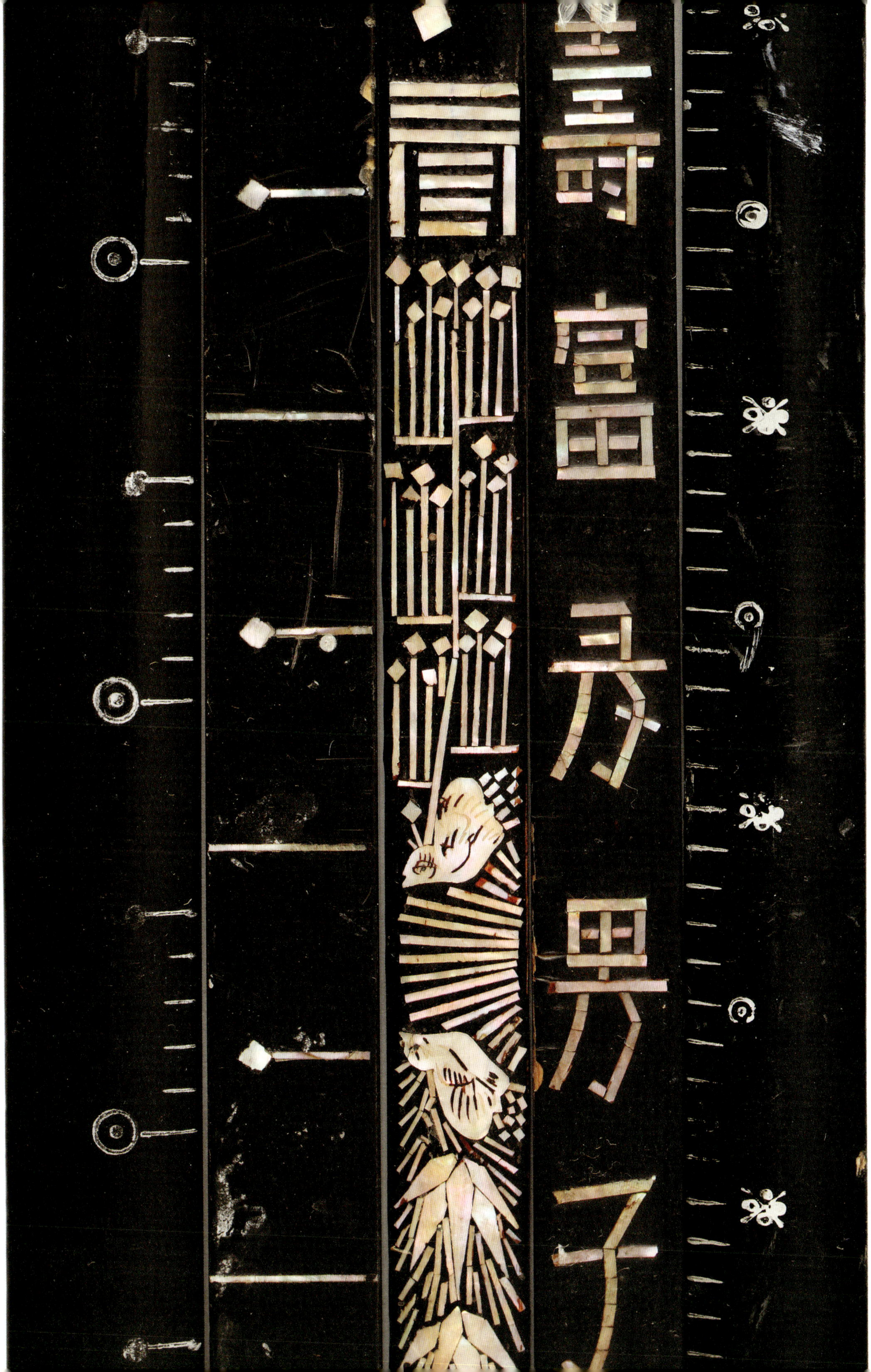
壽富多男子

025

**화문양각포백척 花紋陽刻布帛尺**

Pobak-cheok, Sewing ruler

조선후기(19세기 초) 朝鮮後期 Late Joseon

길이 60~62cm

대나무로 2개를 포개어 만든 고급스러운 포백자로 낙죽(烙竹)으로 눈금을 표시하고 모란과 연꽃(상), 포도송이와 나비(하)를 표현하였다.

026

**양각포백척 陽刻布帛尺**

Pobak-cheok, Embossed sewing ruler

조선후기 朝鮮後期 Late Joseon

55×2.9cm

대나무를 포개서 만든 흑칠자이다.
흑칠바탕에 낙죽(烙竹)으로 눈금을 표시하고 한 면에는 매화를 다른 한 면에는 국화를 화려하게 표현하였다.

027

**버선자 襪尺**

Beoseon-ja, Ruler for Beoseon(traditional Korean socks)

조선후기 朝鮮後期 Late Joseon

길이 26~31cm

평소에는 바느질자로 사용하고 끝부분의 둥근 모양을 이용해 버선을 뒤집거나 버선의 코를 예쁘게 만드는 용구이다. 왼쪽의 자는 대나무로 만들어졌으며 반가(班家)에서 사용하던 것으로 앙증맞은 꽃무늬를 도톰하게 양각하였다. 오른쪽의 자는 흑칠 바탕에 한 쪽은 낙죽으로 눈금과 꽃 문양을 표시하였고 한 쪽에는 기러기 한 쌍을 시문하였다.

028

**버선자 襪尺**

Beoseon-ja, Ruler for Beoseon(traditional Korean socks)

조선후기 朝鮮後期 Late Joseon

21.5×1.8cm

반가용(班家用)으로 사용하던 대나무로 만든 버선자

029

**대정14년명죽척 大正14年銘竹尺**

Juk-cheok, Inscripted Ruler made of bamboo

1925년 1925 A.D.
60.5×2.5cm

1920년대에 반가용(班家用)으로 사용하던 죽척이다.
앞면에는 대나무, 용, 물고기 등이 새겨져 있으며 뒷면에는
'全羅南道 羅州郡 公山面月戸里居 金斗千尺 大正十四年 五月初九日尺' 라는
명문이 새겨져 있어서 大正 14年인 1925년에 만들어진 자임을 알 수 있다.
명문과 함께 매화, 새, 누각 등이 세밀하고 다채롭게 새겨져 있다.

上
中
下

030

**다양한 종류의 포백척 布帛尺**

Various Pobak-cheok, Sewing ruler

19세기~20세기 19世紀~20世紀 19th Century~20th Century

길이 51~60.5cm

031

**경척 鯨尺**

Gyeong-cheok, Whale ruler

일제강점기 日帝强占期 The Japanes Colonial Period

65.8×2.3cm

일제강점기 때 사용한 대나무로 만든 경척이다.
앞면에 鯨二尺, 뒷면에는 '系と綿ふと仕立の御用はん 甲 濟藤系綿店 麻布十番雜式通り' 이란 명문이 있다.
일본에서 기모노를 재봉할 때 주로 사용하던 자로 고래수염으로 만들어졌다고 해서 경척이라고 한다.
경척은 곡척에 준하여 1尺 2寸 5分 즉 38cm가 되는데 이자는 1촌의 눈금 간격이 3.8cm로서 기록과 일치한다.

032

## 은박눈금자 尺

Rulers

근대 近代 Modern period

길이 50 폭 1.8~2.2cm

동심원 무늬의 은박으로 눈금을 표시했다. 눈금의 간격은 5cm이다.

033

**넓은자 廣尺**

Neolbeun-ja, Wide rulers

조선 朝鮮 Joseon dynasty

길이 38.5~45.3 너비 4.6~6.2cm

034

**원통형자 圓筒形尺**

Wontonghyeong-ja, Cylindrical rulers

조선 朝鮮 Joseon dynasty

길이 17.5~39.4 너비 1.4~2.8cm

035
**모양자 尺**
Moyang-ja, Drawing ruler

조선 朝鮮 Joseon dynasty
38.8×2.5cm

곡선을 그릴 때 사용하였던 모양자

036
**철제자 鐵製尺**
Cheolje-ja, Iron Ruler

근대 近代 Modern period
43.5×1cm

037
**모양자 尺**
Moyang-ja, Drawing ruler

조선 朝鮮 Joseon dynasty
35×5.1cm

여러 가지 모양을 그릴 때 사용하였던 운형자

The Special Exhibition of

# Weights and Measures

Seok Juseon Memorial Museum Dankook University

# 량 量

# 부피를 헤아리다

038

**되(관승) 官升**

Doe(Gwan-seung), grain measuring kit

조선 朝鮮 Joseon dynasty

32.9×10.9×9.2cm

위가 좁고 아래로 갈수록 넓어지는 사다리꼴 형태의 되이다.

조선시대에 관가에서 사용하던 관승으로 '白鼠陽月日', '官升' 이란 명문과 수결이 새겨져 있다.

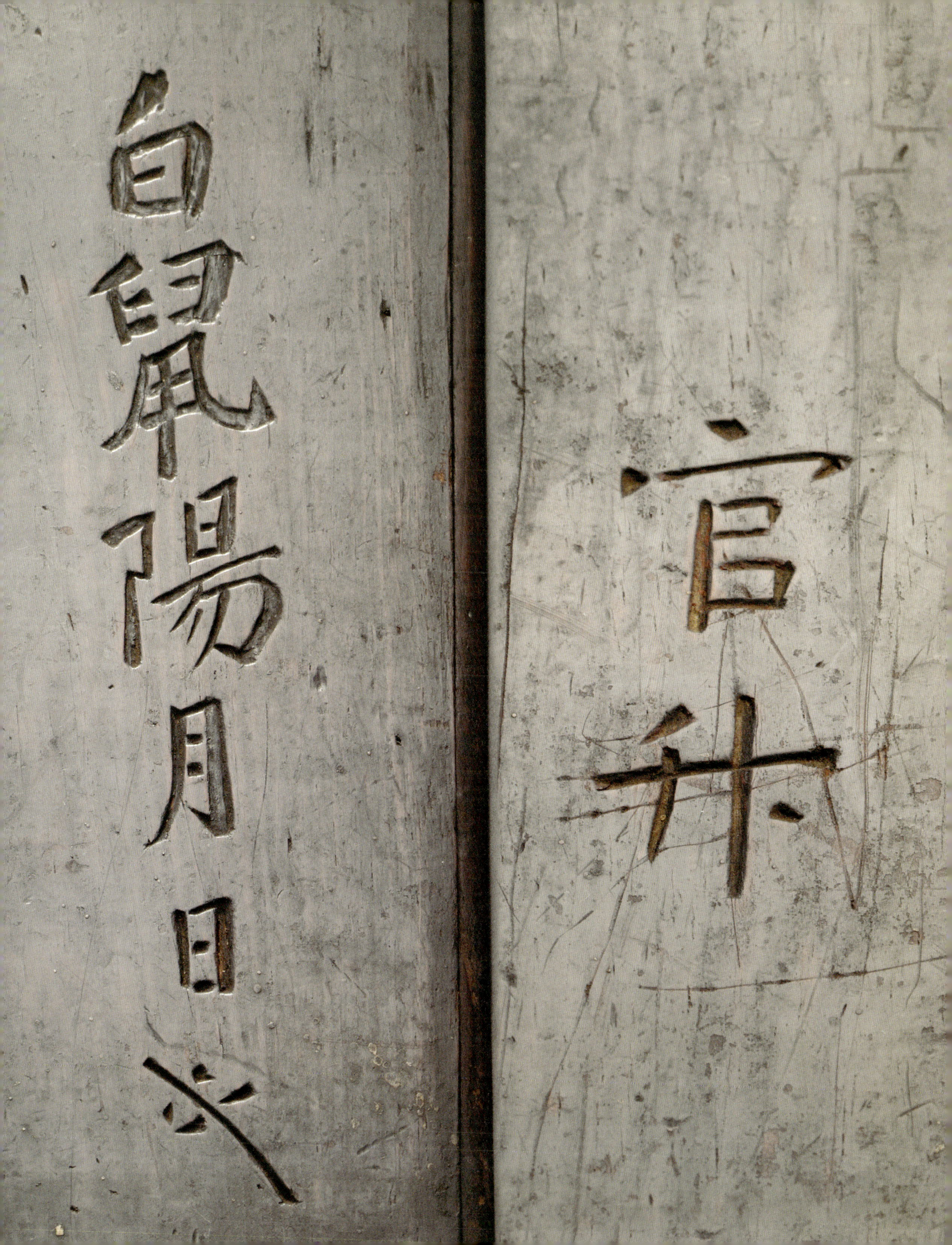
官升
白鼠陽月日

039

**되(평승) 平升**

Doe(Pyeong-seung), grain measuring kit

조선 朝鮮 Joseon dynasty

20.5×8×6.9cm 용적 665.8㎖

긴 네모꼴의 되로 모서리는 사개맞춤으로 끼웠다.
'平升' 이란 글씨와 수결이 새겨져 있다.

040

**되 升**

Doe, grain measuring kit

조선 朝鮮 Joseon dynasty

21.4×9.8×7.8cm 용적 920㎖

아래로 갈수록 약간씩 넓어지는 사다리꼴 형태의 되로써 모서리는 사개맞춤으로 끼워 맞췄다. '舟峙宅升' 이라는 묵서(墨書)가 있어 舟峙골에 살던 사람이 사용했던 것으로 추측된다.

041

**말 斗**

Mal, grain measuring kit

조선 朝鮮 Joseon dynasty
29×28×15cm

옆면에 고리 손잡이를 달았고 모서리 이음새는 끼워 맞춘 후 철엽(鐵葉)으로 변화를 주었다.
앞면에는 소장처와 소장자를 표시하는 '盖井洞 李監察宅' 과 뒷면에는 제작일을 알려주는 '己丑九月日' 이란 글씨가 새겨져 있다.
명문에 보이는 감찰은 검사를 담당하는 관리로 정6품직에 해당한다.

042

**말 斗**

Mal, grain measuring kit

조선 朝鮮 Joseon dynasty
29.3×29.3×14.8cm

모서리를 사개맞춤으로 끼워 맞춘 사다리꼴 형태의 말이다.
한 면에 제작일을 나타내는 '甲辰四月 日' 이란 명문과 수결이 있으며
다른 면에는 수장자의 이름으로 보이는 '叔瑁' 이라는 글씨가 새겨져 있다.

文書
壬辰四月日

043

**되 升**

Doe, grain measuring kit

조선 朝鮮 Joseon dynasty

23.5×10.3×8.4cm

소나무로 만든 되로서 제작일과 소장처를 나타내는 '癸卯至月日 龍洞' 명문과 수결

044

**되 升**

Doe, grain measuring kit

조선 朝鮮 Joseon dynasty

32.5×14.7×9.3cm

'丙午二月上 澣造' 명 묵서

045
**되 升**
Doe, grain measuring kit

조선 朝鮮 Joseon dynasty
17.5×7.9×7.9cm 용적 715㎖
'大洞白米升', '戊戌九月日' 글씨와 수결 묵서

046

**철엽장식 되 鐵葉裝飾升**

Doe with metal fitting, grain measuring kit

조선 朝鮮 Joseon dynasty

24.5×9.7×13.6cm 용적 2,644㎖

'乙未 七月日'명 묵서

047

**말 斗**

Mal, grain measuring kit

조선 朝鮮 Joseon dynasty
27×27.2×16cm

모서리는 사개맞춤으로 끼워 맞췄으며 상부에 철판을 깔고 옆과 아래의 모서리 부분에 철엽(鐵葉)을 넣어서 견고하게 하였다. 제작일을 나타내는 '丙申十一月初一日' 이란 명문이 새겨져 있다.

048

**말 斗**

Mal, grain measuring kit

1907년 1907 A.D.
28×28×13.8cm 용적 7,560㎖

각 모서리를 사개맞춤으로 끼워 맞췄으며 옆면에 고리손잡이가 있다.
'隆熙元年 九月日' 이란 명문이 있어서
순종(純宗) 융희 원년인 1907년에 제작되었음을 알 수 있다.

049
**두칸 되 升**
Two sections Doe, grain measuring kits

조선 朝鮮 Joseon dynasty
길이 17~21.4cm

050
**철엽장식 되 鐵葉裝飾升**
Doe with metal fitting, grain measuring kits

조선 朝鮮 Joseon dynasty
길이 18.1~28.8cm

051
**사다리꼴 되와 말 梯狀升 · 斗**
Trapezoid Doe & Mal, grain measuring kits

조선 朝鮮 Joseon dynasty
길이 20.1~24.5cm

052

**자기 되 磁器升**

Porcelain Doe, grain measuring kit

조선 朝鮮 Joseon dynasty

19.2×15.3×8.5cm

자기로 만든 되로
아래로 갈수록 좁아지는 역사다리꼴 형태이다.

053

**석제 되 石製升**

Stone Doe, grain measuring kit

조선 朝鮮 Joseon dynasty

12.5×12.6×6.8cm

054
**말 斗**
Mal, grain measuring kit

조선 朝鮮 Joseon dynasty
27.6×27.7×14.2cm 용적 8,313㎖
'戊戌九月日打斗' 명문

055
**말 斗**
Mal, grain measuring kit

조선 朝鮮 Joseon dynasty
27.2×27.2×14.3cm 용적 7,321㎖
'蓮上' 명문, '心'자 수결

056

**되(일승) 一升**

Doe(Il-seung), grain measuring kits

조선 朝鮮 Joseon dynasty
22.6×10.5×11.3cm 용적 1,851㎖
'官', '穀用', '一升' 명 화인(火印)

官
穀用
一升

057

**되(일승오홉) 一升五合**

Doe(Ilseungo-hop), grain measuring kits

근대 近代 Modern period

24.9×10.5×13.7cm 용적 2,675㎖

058

**되(곡용5승) 穀用五升**

Doe(Gogyongo-seung), grain measuring kits

근대 近代 Modern period

'穀用 五升', '官', '雙' 등 화인(火印)

059
**되 升**
Doe, grain measuring kits

조선 朝鮮 Joseon dynasty
길이 19.8~20.1 높이 7.7~8.4cm

060
**역사다리꼴되 升**
Doe, grain measuring kit

조선 朝鮮 Joseon dynasty
27.6×13.5×9.5cm

061
**표주박형 되 升**
Doe, grain measuring kit

조선 朝鮮 Joseon dynasty
20×13.9×7cm

062
**되 升**
Doe, grain measuring kits

조선 朝鮮 Joseon dynasty
길이 24.5~27.5cm

063
**손잡이 되  把手升**
Doe, grain measuring kits

근대  近代  Modern period
길이 34~42.5cm

064
**손잡이 되  把手升**
Doe, grain measuring kits

조선  朝鮮  Joseon dynasty
길이 26.5~27.5cm

통나무를 파서 만든 단지형의 되로 바닥은 둥글며 한 쪽에는 원통형의 손잡이를 달았다.

065
**되 升**
Doe, grain measuring kit

조선 朝鮮 Joseon dynasty
24.5×14×8.7cm

066
**되 升**
Doe, grain measuring kit

조선 朝鮮 Joseon dynasty
19×6.7×8.9cm

067
**되 升**
Doe, grain measuring kits

근대 近代 Modern period
L 20.6×4.5 R 20.9×5.6cm

068
**밀대 平木 · 槪子**
Mildaes

길이 20~38.5 지름 3~5.7cm

되나 말질을 할 때 양을 일정하게 하기 위해 사용하는 도구이다.
평목(平木), 개자(槪子), 평미레라고도 한다.

069
**색대**
Saekdaes

길이 22.3~34cm

가마니나 섬 속에 들어 있는 곡식이나 소금 따위의 물건을 찔러서 빼내어 보는 기구이다.

070

**홉 合**

Hop, grain measuring kit

조선 朝鮮 Joseon dynasty
18×7×5.5cm

손잡이가 달린 홉으로 각면에 '高五合 平三合'이라 명문이 새겨져 있다.
고봉으로 할 때는 5홉, 밀대질을 해서 평평하게 깍으면 3홉이라는 의미이다.

071
**홉(곡용1데시리터) 合(穀用1dℓ)**
1*dl* Hop, grain measuring kit

근·현대 近·現代 Modern period
6.8×6.7×4.8cm

072
**홉(곡용2데시리터) 合(穀用2dℓ)**
2*dl* Hop, grain measuring kit

근·현대 近·現代 Modern period
8.4×8.3×5.8cm

073
**홉(곡용5작 · 곡용일홉) 合(穀用五勺 · 穀用一合)**
Hop, grain measuring kits

근대 近代 Modern period
L 6.4×6.4×4.7 R 8.2×8.2×5.4cm

074
**홉(곡용2리터) 合(穀用2ℓ)**
2ℓ Hop, grain measuring kits

근·현대 近·現代 Modern period
17×9.7cm

075
**홉(곡용1리터) 合(穀用1ℓ)**
1ℓ Hop, grain measuring kit

근·현대 近·現代 Modern period
13.9×13.9×7.9cm

076
**액용홉 液用合**
Aegyonghop-Hop, measuring kits for liquid

근·현대 近·現代 Modern times
길이 6.6~8.6cm

077
**원통형말 斗**
Wontonghyeong-mal, Cylinder style Mal

근대 近代 Modern period
23.2×23.2×22.4cm

통나무의 속을 파서 만든 단지형의 말로 몸통과 좌·우손잡이까지 통나무로 만들었다. 양 옆에 손잡이가 달렸다.

078
**말(곡용일두) 穀用一斗**
Mal(Gogyongildu), grain measuring kit

근대 近代 Modern period
35×35×19.5cm

사각형의 말로서 모서리를 철판으로 보강했다.
'一斗' 라는 명문이 있는 것으로 보아 한 말의 부피를 측정하기 위해 만든 것이다.
모서리 부분에 손잡이를 붙였으며 '穀用' 명 화인(火印)이 있다.

079

**말 斗**

Mal, grain measuring kit

1897년　1897 A.D.

35×35.2×19.5cm

'明治三十年檢'(1897 A.D.), '斗'명 화인(火印)

080
**말(곡용10리터) 斗(穀用10ℓ)**
10ℓ Mal, grain measuring kits

근대 近代 Modern period
너비 32.5 높이 31.5cm

081
**원통형말 圓筒形斗**
Wontonghyeong-mal, Cylinder style Mal

근대 近代 Modern period
25.5×26×24.9cm

082
**통나무말과 밀대**
Various Mals & Mildaes

근대 近代 Modern period
높이 23.4~28.5 너비 23.2~27.7cm

The Special Exhibition of

# Weights and Measures

Seok Juseon Memorial Museum Dankook University

# 형衡

## 무게를 달다

083

**덕온공주의 저울과 저울집 德溫公主 秤**

**Princess Deogon's balance & Wooden case**

중요민속자료(重要民俗資料) 212호
Important Folklore Material No.212
19세기 전반 19世紀 前半 Early 19th Century
저울 44.5×13 저울집 51.5×14.5cm

조선 23대 왕인 순조의 셋째딸이자 마지막 공주였던 덕온공주(1822~1844)가 사용하였던 저울과 저울집이다. 저울은 놋쇠로 만들어졌으며 저울대와 화형(花形) 저울추, 접시로 구성되어 있다. 접시의 안쪽에는 왕실어압(御押)이 새겨져 있으며 바닥에는 '前二十兩 中五十五兩 後百十五兩' 라고 쓰여 있다. 왕실의 생활상을 보여주는 귀중한 자료이다.

前二十兩
中五十五兩
後百十五兩

084

**약저울과 저울집 藥秤**

Medicine balance & Wooden case

1900년 1900 A.D.
저울집 43.5×9.3 저울대길이 38.5 추 1.5×1.5cm 추무게 24.5g

저울집 바닥에 '前壹兩五錢 中倍兩 後貳什兩' 명문
'光武四年(1900A.D.) 庚子正月日 孔嚴' 이란 명문과 수결 묵서

光武四年
庚子正月日

085

**약저울과 저울집 藥秤**

Medicine balance & Wooden case

근대 近代 Modern period

저울집 28.5×10.5 저울대길이 24.3 추 2.2×1.9cm 추무게 45g

저울집 표면에 '秤量 上五十匁 元二百匁' 화인(火印)

086

**다양한 저울집들**

Various balance cases

저울집길이 31.5~49cm

秤量
上五十匁
元二百匁

極

御秤屋
豊

087
**다양한 저울집들**
Various balance cases

저울집길이 34.5~36.5 저울대길이 26.5~32.2cm

088

**다양한 목화고치저울들**

Various Cocoon Balance, used for weighted Cocoon

조선 朝鮮 Joseon dynasty

저울길이 23.8~33.5cm

089
**다양한 저울들**
Various balances

조선 朝鮮 Joseon dynasty
저울길이 27.3~36.5cm

090
**다양한 저울들**
Various balances

조선 朝鮮 Joseon dynasty
저울길이 24~30.5cm

091

**대형저울대　大形秤**

Large size Balance, used for weighted object

근대　近代　Modern period

저울길이 93.4~94.2cm

092

**저울 秤**

Balance, used for weighted object

조선 朝鮮 Joseon dynasty

81.3×1.5cm 추무게 209g

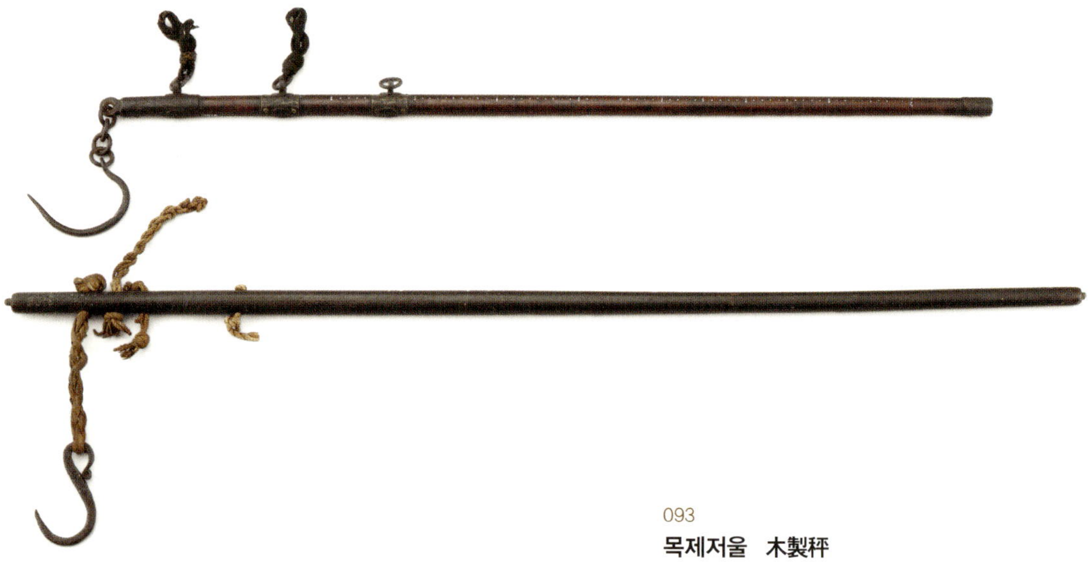

093

**목제저울 木製秤**

Wooden Balance, used for weighted object

근대 近代 Modern period

저울길이 55~63.3cm

094

**목제저울 木製秤**

Wooden Balance, used for weighted object

조선 朝鮮 Joseon dynasty

저울길이 30.5cm 추무게 262g

095
**목화고치저울 蠶繭秤**
Cocoon Balance, used for weighted Cocoon

조선 朝鮮 *Joseon dynasty*
저울길이 32.4cm 추무게 83.58g

096
**목화고치저울 蠶繭秤**
Cocoon Balance, used for weighted Cocoon

조선 朝鮮 *Joseon dynasty*
저울길이 36cm 추무게 134.5g

097
**목화고치저울 蠶繭秤**
Cocoon Balance, used for weighted Cocoon

조선 朝鮮 *Joseon dynasty*
저울길이 31cm 추무게 216g

098
**목화고치저울 蠶繭秤**
Cocoon Balance, used for weighted Cocoon

조선 朝鮮 Joseon dynasty
저울길이 39cm 추무게 234.01g

099
**저울 秤**
Balance, used for weighted object

조선 朝鮮 Joseon dynasty
저울길이 30cm 추무게 127.4g

100
**저울 秤**
Balance, used for weighted object

조선 朝鮮 Joseon dynasty
저울대 14.6cm 추무게 59g

101

**저울 秤**

Balance, used for weighted object

근대 近代 Modern period
저울대 54.×0.7cm 추 6×4.5cm 추무게 467.5g

저울대에는 '一目四分 一斤 一目五匁' 이라고 새겨져 있으며
종형의 철제 저울추에 '二貫 五百匁 十五斤 用' 명이 양각되어 있다.

102
**저울 秤**
Balance, used for weighted object

근대 近代 Modern period
저울대 54×1 추 5.3×3.6cm 추무게 298.0g
종형의 철제 추에 '一貫六百匁 十斤 用'명 양각

103

**저울 秤**

Balance, used for weighted object

근대 近代 Modern period

저울대 53×0.9 추 5.3×3.6cm 추무게 299.5g

종형의 철제추에 '一貫六百匁 十斤 用'명 양각

104

**철제저울 鐵製秤**

Iron Balance, used for weighted object

근대 近代 Modern period

저울대 46×1.8 추 4×3m 추무게 150.5g

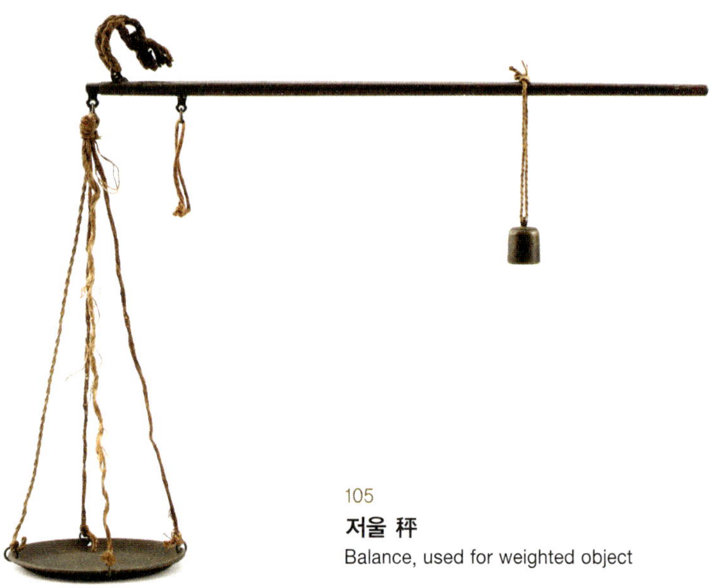

105

**저울 秤**

Balance, used for weighted object

근대 近代 Modern period

저울대 33×0.6 추 2.5×1.8cm 추무게 37.5g

106
**철제저울 鐵製秤**
Iron Balance, used for weighted object

근대 近代 Modern period
저울대 길이 34.7 저울판 지름 18cm

107
**목제저울 木製秤**
Wooden Balance, used for weighted object

근대 近代 Modern period
저울대 길이 46.1 저울판 13.2×15.9cm

108
**동제저울 銅製秤**
Copper Balance, used for weighted object

근대 近代 Modern period
저울대 길이 24.3 추 5×3.8cm 추무게 326g
철제고리 원통형 추 '一瓩'(1kg) 새김

109
**동제저울 銅製秤**
Copper Balance, used for weighted object

근대 近代 Modern period
저울대 25.4×1.2 추 5.3×3.6cm 추무게 305.5g
철제고리 원통형 추 '一瓩'(1kg) 새김

110

**동제저울 銅製秤**

Copper Balance, used for weighted object

근대 近代 Modern period

저울대 24×0.9 추 5.3×3.6cm 추무게 305.5g

철제고리 원통형 추 '一瓩'(1kg) 새김

111

**철제저울 鐵製秤**

Iron Balance, used for weighted object

근대 近代 Modern period

저울대 33.2×0.9cm 추 3.8×2.6cm 추무게 120g

112
**토제저울추 土製秤錘**
Earthen Weight Poise(Banwol fortress in Pocheon Gyeonggi-do)

포천반월산성 출토 抱川半月山城 出土
통일신라 統一新羅 Unified Silla
2.2×3.1cm 무게 79.5g

113
**석제 저울추 石製秤錘**
Stone Weights

부여 부소산서복사지 출토 扶餘 扶蘇山西覆寺址 出土
백제 百濟 Baekje
L 11.9×7.7cm 무게664g R 8.5×6.5cm 무게 379g

114

**도제종형저울추　陶製鍾形秤錘**

Bell shaped Porcelain Weights

조선　朝鮮　Joseon dynasty

L 5.4×4.7cm　무게 146.5g　R 4.8×4.8cm　무게 154.5g

115

**도제고리형저울추　陶製環形秤錘**

Ring shaped Porcelain Weight

조선　朝鮮　Joseon dynasty

6.3×6×2.1cm　무게 105g

청화로 '三十' 명 표시

116
**석제저울추　石製秤錘**
Stone Weight

조선　朝鮮　Joseon dynasty
3.7×3.5×1.5cm　무게 38.3g

둥글고 납작한 모양의 돌저울추로
위쪽 턱진 부분에 끈을 끼웠던 구멍이 있으며
'正', '平'을 앞·뒷면에 각각 새겼다.

타원형의 돌저울추로 각면에
秤, 正, 平의 명문이 새겨져 있다.

117
**석제저울추　石製秤錘**
Stone Weight

조선　朝鮮　Joseon dynasty
4×3.5×2.5cm　무게 51.5g

118

**석제저울추　石製秤錘**

Stone Weight

조선　朝鮮　Joseon dynasty

7.7×4.2×4.6cm　무게 57.5g

부등변 팔각형의 몸체에 보주형 꼭지가 달린 돌저울추이다.
꼭지와 추의 이음새 부분에 구멍(지름 0.3cm)이 있으며
각 면에 '壽', '福', '補錘', '乙丑至月' 이란 명문을 새겼다.

119

### 석제저울추 石製秤錘
Stone Weight

조선 朝鮮 Joseon dynasty
8.9×5.3×2.7cm 무게 268g

사다리꼴 형태의 저울추로 네 면 모두 명문이 새겨져 있다.
앞·뒷면에는 '□山 砥石', '巳卯錢五戔', 옆면에는 '時時分魚肉',
'平生一片心' 이라는 명문이 새겨져 있다.

120

**석제저울추　石製秤錘**

Stone Weight

조선　朝鮮　Joseon dynasty

7.7×4.9×3.7cm　무게 258g

장방형의 돌저울추로 구멍(지름:0.6cm)에 끈이 꿰어져 있으며 '前七 後十四' 라는 명문이 새겨져 있다.

121
**석제저울추　石製秤錘**
Stone Weight

조선　朝鮮　Joseon dynasty
9.5×9×4.5cm　무게 798g

122
**석제저울추　石製秤錘**
Stone Weight

조선　朝鮮　Joseon dynasty
5.2×8.8×6.7cm　무게 1,369.2g

활석으로 만든 쌈지주머니형의 저울추이다.
위쪽 턱진 부분에 끈을 꿰는 구멍이 있다.
앞 뒷면에 각각 '壽十一斤 中二十四斤 白八十斤' 라는 명문을 새겼다.

123

**석제저울추　石製秤錘**

Stone Weight

조선　朝鮮　Joseon dynasty

13.2×7.7×7.6cm　무게 1,446.5g

124
**석제고리형저울추 石製環形秤錘**
Stone Weight

조선 朝鮮 Joseon dynasty
13.5×11.4×4cm 무게 1,338g

125
**석제저울추 石製秤錘**
Stone Weights

조선 朝鮮 Joseon dynasty
L 10.5×8×5cm 무게 977.5g
R 8.7×7.6×4.5cm 무게 572.5g

126

**청동저울추 靑銅秤錘**

Bronze Weight

조선 朝鮮 Joseon dynasty

8.7×4×2.8cm 무게 364.0g

위패형의 청동저울추이다.
앞면에는 무게를 나타내는 '前二斤 中五斤' 과
후면에는 '後十五斤 工曹' 명이 새겨져 있다.

127

**청동저울추 靑銅秤錘**

Bronze Weight

조선 朝鮮 Joseon dynasty

7.3×4×2.9cm 무게 283.5g

위패형의 청동으로 만든 저울추이다.
앞면에는 제작처와 제작일을 나타내는 '工曹 宣德丁未' (1427AD),
'八月田造' 란 명문이 있고 뒷면에는 무게를 표시하는
'前一斤 中三斤 後七斤' 이란 명문이 있다.

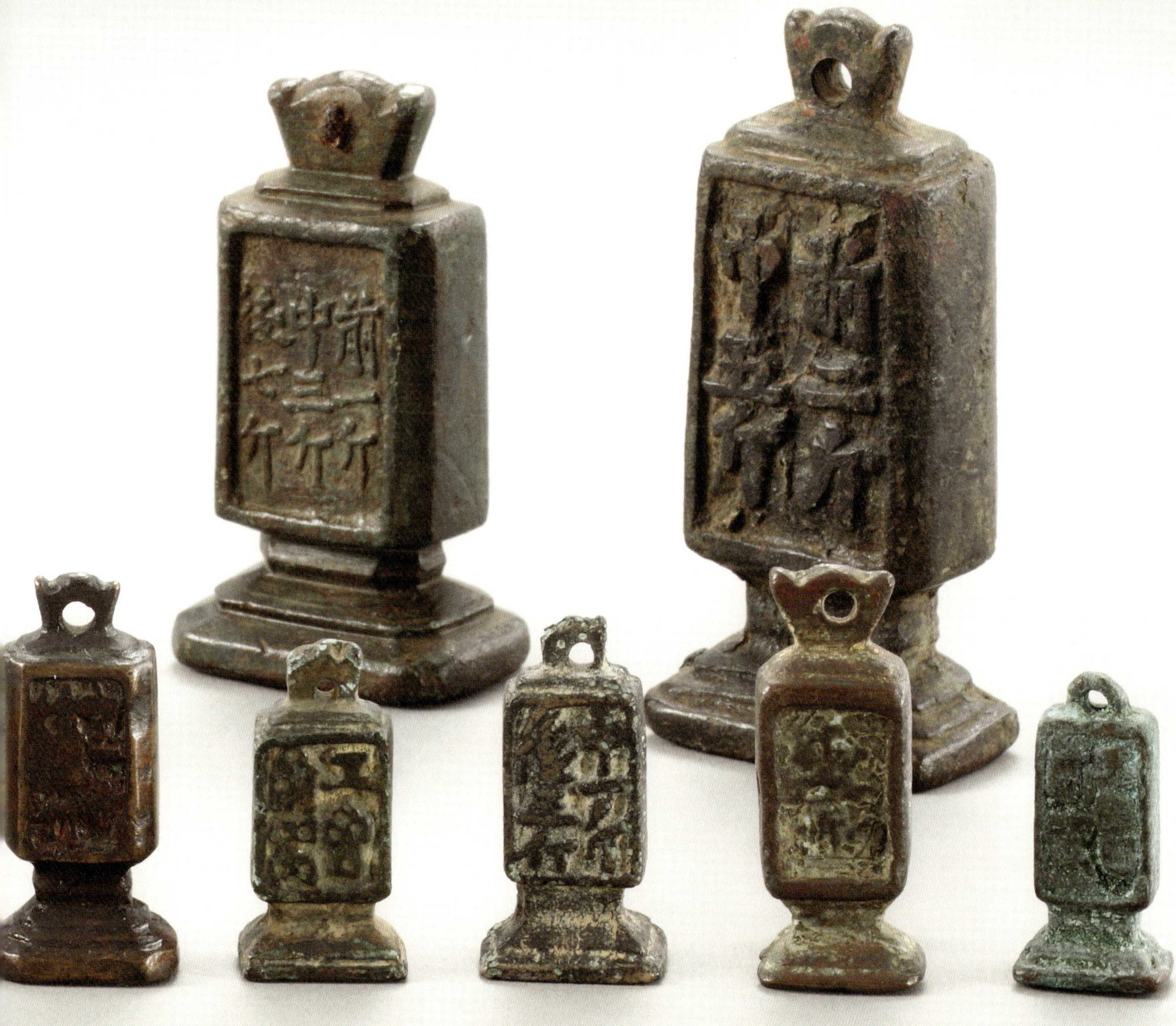

128
**다양한 종류의 청동저울추들**
Various Bronze Weights

129
**철제저울추 鐵秤錘**
Iron Bronze Weights

근대 近代 Modern period
L 3.4×4cm 무게 187.5g R 3.7×3.7cm 무게 222.5g

130
**가죽주머니저울추 石秤錘**
Stone Weights of Leather pouch

조선 朝鮮 Joseon dynasty
L 9.3×8.5cm 무게 741.5g R 10.9×7.2cm 무게 568.5g

131
**철제원탑형저울추 鐵製圓塔形秤錘**
Iron Weight Poise

조선 朝鮮 Joseon dynasty
6.5×4.1×4cm 무게 382g

132
**반월형저울추 半月形秤錘**
Semi-lunar styled Stone Weight

조선 朝鮮 Joseon dynasty
9.8×4.6×3.1cm 무게 284.0g

반월 형태의 저울추로 '二十二天' 이라는 명문이 새겨져 있다.

133
**곤충문석제저울추 昆蟲紋石製秤錘**
Insect designed Stone Weight

조선 朝鮮 Joseon dynasty
5×3.8×3cm 무게 65.5g

官

134
**다양한 철제종형저울추들**
Various Bell shaped Iron Weights

135

**철제종형저울추 鐵製鍾形秤錘**

Bell shaped Iron Weights

근대 近代 Modern period

L 13.2×9.2×9.4 무게 4,800g R 13.8×8.7×9.6cm 무게 4,800g

'官 二十五貫 百五十斤 用'

136
**석제저울추 石製秤錘**
Stone Weights

조선 朝鮮 Joseon dynasty
L 20.3×17.6cm 무게 2,006.5g R 18.7×17.5cm 무게 8,800g

137
**석제저울추 石製秤錘**
Stone Weights

근대 近代 Modern period
L 17.8×15.3cm 무게 5,600g R 11.4×11.5cm 무게 2,000g

138
**원구형석제저울추 圓球形石製秤錘**
Circular Stone Weights

조선~근대
L 8.6×12.2cm 무게 2,303.5g R 10.3×9.8cm 무게 1,217.5g

139
**석제저울추 石製秤錘**
Stone Weight

L 11.5×11.8×5.8cm 무게 1,733g R 10.8×10.1cm 무게 1,035.5g

140
**석제저울추 石製**
Stone Weights

조선 朝鮮 Joseon dynasty
너비 6.1~9.2cm 높이 9.5~10.6cm

141
**철제저울추 鐵製秤錘**
Iron Weights

근대 近代 Modern period
L 11.3×12cm 무게 2,465.5g R 9.4×7.8cm 무게 1,185g

142

**다양한 지승(紙繩)저울추들**

Various Stone Weights

조선 朝鮮 Joseon dynasty

143
**청동저울추 靑銅秤錘**
Bronze Weights

근대 近代 Modern period
L 18.3×7×2.7cm 무게 765.5g R 3.9×3.4×0.4cm 무게 31g

144
**호리병형 · 보주형 청동저울추 靑銅秤錘**
Bronze Weights

조선 朝鮮 Joseon dynasty
L 4.3×1.5×1.6cm 무게 35.5g R 3.2×1.4×1.3cm 무게 32.5g

145
**철제저울추 鐵秤錘**
Iron Weight

조선 朝鮮 Joseon dynasty
8×6.2×6.2cm 무게 886g

146
**대형석제저울추**
Large size Stone Weight

34×21cm 무게 18,200g

147
**석제저울추 石製秤錘**
Stone Weight

경상북도 경주출토 慶尙北道 慶州出土
조선 朝鮮 Joseon dynasty
8.6×7.8×6.3cm 무게 835g

148
**석제저울추　石製秤錘**
Stone Weight Poise

조선　朝鮮　Joseon dynasty
8.9×6.4×5.8cm　무게 513g

149
**다양한 종류의 석제저울추들**
Various Stone Weight Poises

The Special Exhibition of

# Weights and Measures

Seok Juseon Memorial Museum Dankook University

# 산 算

# 셈을 하다

## 주판 (珠板)

주판은 셈을 할 때 사용하는 기구이다.
직사각형의 작은 틀 위쪽에 칸을 막고 가는 철사나 대오리를 꿰어
동글 납작한 나무나 뼈로 깍은 작은 주판알을 윗칸에 2개,
아래 칸에 5개 꽂았다. 한 알이 위 칸은 5, 아래 칸은 1의 숫자를 의미한다.

150
**주판 珠板**
Abacus, Tool for counting

근대 近代 Modern period
L 21.4×16.3cm R 21.9×17.4cm
행간에 '十一兆' 명(좌), '里分茇 兩什百千毫' 명(우) 음각

151
**주판 珠板**
Abacus, Tool for counting

근대 近代 Modern period
31.5×14.4cm

152
**주판 珠板**
Abacus, Tool for counting

근대 近代 Modern period
L 38.8×17.2cm R 39.7×17.7cm

153
**주판 珠板**
Abacus, Tool for counting

근대 近代 Modern period
39.5×17.8cm

154

**주판 珠板**

Abacus, Tool for counting

근대 近代 Modern period

L 33.2×10.3cm R 21.9×17.4cm

바닥에 '京城太吉川商店' 명(우) 음각

The Special Exhibition of

# Weights and Measures

Seok Juseon Memorial Museum Dankook University

# 논 문

**▎기조 강연**

# 전근대 한국의 도량형과 그 운용

노중국(계명대학교 사학과)



## 1. 導　言

어느 사회이든 물자의 이동은 民과 民 사이의 교환, 지역과 지역 사이의 교환, 국가와 민 사이에 이루어지는 조세 수취, 국가와 국가 사이의 교역과 교류에 의해 이루어진다. 이 과정에서 교환, 교역되는 생산품은 일정한 규격과 품질이 보증되어야 한다. 생산품의 일정한 규격을 뒷받침해 주는 것이 바로 도량형이다. 도량형은 길이, 부피, 무게를 재는 수단 또는 단위 등을 총칭하는 말이다. 국가는 사회경제적 생활이 질서 있게 이루어지도록 도량형을 통일하고 이를 바탕으로 필요한 제도를 제정하였다. 이리하여 국가는 민들로부터 수취를 하는 데도 도량형으로 하였고, 토지를 측량하고, 악기를 만들고, 천문을 정확하게 관측하는 것도 도량형으로 하였다. 따라서 도량형이 제대로 지켜지지 않으면 그 사회는 갈등을 일으키거나 혼란에 빠졌다.

도량형이 사회 전반에 걸쳐 영향을 미치기 시작한 것은 초기 국가 이후부터라고 할 수 있다. 그러나 초기 국가 시기는 아직 통일 국가가 형성되지 않았기 때문에 나라마다 사용하는 도량형의 내용이 달랐을 가능성이 크다. 이런 다양한 도량형이 통일되기 시작한 것은 중앙집권적 고대 국가 체제가 갖추어지면서부터였다. 중앙집권체제는 왕권 중심의 중앙집권력이 형성되고 이 왕권을 뒷받침해 주는 이념이 성립되고, 지방에 대한 직접적인 지배를 관철하는 지방 통치 조직이 만들어지면서 성립되었다. 이러한 중앙집권체제가 갖추어진 시기는 삼국시대부터이다.

고구려의 경우 소수림왕대에 와서 왕권을 뒷받침하는 이념으로서 불교를 공인하고, 관료층을 양성하기 위한 교육기관으로서

태학을 세우고, 나아가 국가를 일원적으로 통치할 수 있는 일원적인 법체계로서의 율령을 반포함으로써 중앙집권체제를 갖추었다. 백제의 경우 근초고왕대에 와서 지방 통치 조직으로서 담로를 설치하고 율령을 반포함으로써 중앙집권체제를 갖추었다. 신라는 지증왕대에 와서 국호를 신라로, 최고 지배자의 칭호를 왕으로 정하고 주-군-성촌이라는 지방 통치 조직을 만들고, 법흥왕대에 율령을 반포하고 불교를 공인하면서 중앙집권체제가 갖추어졌다. 이렇게 삼국이 중앙집권체제를 갖추면서 도량형도 점차 전국적으로 통일되어 갔다. 이후 고려, 조선시대를 거치면서 우리나라는 통일된 도량형을 사용하게 되었다.

도량형은 길이, 부피, 무게를 재는 수단 또는 단위 등을 총칭하는 말이다. 중국의 경우 도량형에 대한 체계적인 정리는 『한서』 율력지에 의해 이루어졌다.[1] 度는 長短을 재는 것으로서 그 단위는 分·寸·尺·丈·引이었다. 『한서』 율력지에는 척도의 단위를 分에서 분별하고, 寸에서 헤아리고, 尺에서 재고, 丈에서 정하고, 引에서 끌어내어 온갖 물건의 길이를 재는 것이라고 하였다. 量은 多少를 재는 것이고 그 단위는 龠·合·升·斗·斛이었다. 衡은 무게를 재는 것으로서 그 단위로는 銖·兩·斤·鈞·石이었다. 『한서』 율력지는 龠(勺)에서 나가게 하고, 홉(合)에서 합치고, 升에서 올리고, 斗에서 모으고 斛에서 헤아려서 온갖 물건의 용량을 되는 것이라고 하였다. 저울[秤]은 저울대 위에 分, 錢, 兩, 斤을 새긴 衡과 끈으로 錐와 접시를 매어단 準으로 구성된다. 저울추는 본래는 權이라고 하였는데 후에 秤으로 바뀌었다. 이런 변화는 중국 삼국시대 오나라를 세운 孫權의 이름인 權을 피하여 秤錘라고 한 것에서 비롯되었다고 한다. 『한서』 율력지에서는 저울의 단위를 銖에서 시작하고 兩에서 짝채우고, 斤에서 밝히고, 鈞에서 고르고, 石에서 끌어내어서 온갖 물건의 무게를 단다고 하였다.

도량형 중에서 가장 기본이 되는 것이 재[尺]이다. 표준 척도가 있어야만 용량을 재는 표준 용기와 무게를 재는 표준 저울을 만들 수 있기 때문이다. 표준화된 도량형기로써 척도는 검은 기장 알로써 12율의 기본음인 황종관의 길이를 90分하여 10釐를 1分, 10분을 1寸, 10촌을 1尺, 10척을 1丈으로 정하였다. 표준 양기는 척도와 같이 황종관에서 비롯하였다. 황종관에 검은 기장 알 1,200개를 채우고 우물로써 水平됨을 기준으로 하여 황종관과 일치하면 合으로 삼고 10合을 1升, 10승을 1斗, 10두를 1斛으로 정하였다. 저울의 단위도 황종관에서 비롯되었다. 황종관에 물을 가득 채우고 그 물 무게를 88분하여 10釐를 1분, 10분을 1錢, 10전을 1兩, 16량을 1斤으로 정한 것이다.

삼국의 도량형 단위로는 곡식이나 소금 등 양을 나타낼 때는 石, 斗, 升이, 직물의 경우에는 匹이, 身長을 나타낼 때는 尺이, 귀금속 등을 비롯하여 무게와 관련하여서는 斗, 主=銖, 斤이나 兩이 사용된 것으로 나온다. 正倉院 佐波理加盤 附屬 신라문서에는 石, 斗, 刀가 나오는데 刀는 되를 표기한 것이다. 근래에 부여에서 발굴된 〈支藥兒食米記木簡〉이나 〈佐官貸食記木簡〉에도 石, 斗, 升, 半, 甲 등의 단위가 나온다. 이러한 단위들은 중국의 것과 일치한다. 따라서 우리나라 전근대의 도량형은 중국 도량형과의 관련 속에서 살펴보아야 할 것이다.

---

1) 이에 대해서는 『漢書』 卷21, 上 律曆志 第1上의 "度者分寸尺丈引也 所以度長短也 本起黃鐘之長 以子穀秬黍中者 黍之廣 度之九十分 黃鐘之長 一爲一分 十分爲寸 十寸爲尺 十尺爲丈 十丈爲引 而五度審矣…量者龠合升斗斛也 所以量多少也 本起於黃鐘之龠 用度數審其容 以子穀秬黍中者千有二百實其龠 以井水準其槩 合龠爲合 十合爲升 十升爲斗 十斗爲斛 而五量嘉矣…權衡者 衡平也 權重也 衡所以任權而均物平輕重也...本起於黃鐘之重 一龠容千二百黍 重十二銖 兩之爲兩 二十四銖爲兩 十六兩爲斤 三十斤爲鈞 四鈞爲石…" 참조.

## 2. 중국의 도량형

### 1) 척도

중국에서 도량형은 춘추시대 및 전국시대에는 나라마다 달랐다. 진시황은 통일제국을 효율적으로 다스리기 위해 문자도 통일하면서 나라마다 달랐던 도량형도 통일하였다. 도량형이 통일되지 않으면 제국을 체계적으로 통치할 수 없기 때문이다. 진시황에 의해 통일된 도량형에서 기준척의 길이는 23cm, 한 말의 양은 2,000㎖였고, 1근의 무게는 250~260g이었다.

秦의 뒤를 이은 前漢은 진나라 제도를 그대로 답습하였고, 前漢 末에 王莽은 一群의 도량형 표준기를 제조하여 반포하였다. 後漢시대에는 田賦를 관할하는 大司農이 표준기를 반포하고 정기적으로 검사하도록 하였으며, 三國時代에는 대체로 후한의 도량형제가 그대로 사용되었지만 단위 규격은 조금씩 커졌다. 전한 시기 실물 자료는 23cm, 23.2cm, 23.6cm자가 출토되었고, 王莽 시기의 자료는 23.03cm의 자가, 後漢尺으로는 22.94cm에서 23.75cm에 이르는 실물자가 출토되었다. 그리고 삼국시대 魏의 실물 자료는 23.8cm 자가, 吳의 실물 자료는 23.5cm와 24.2cm의 자가 출토되었다.[2] 이로 볼 때 秦에서 三國시대에 이르기까지의 척도는 이른바 後漢尺인 23cm자라고 할 수 있다.

남북조시대를 거치면서 북조와 남조에서 각각 다른 도량형을 사용하게 된다. 남조의 척도를 보면 劉宋의 민간 척도는 晉前尺으로 1尺6分4厘였으며 齊, 梁, 陳 3代에 그대로 사용되었다.[3] 이대로 계산하면 劉宋의 1척은 24.6cm가 된다. 북조의 경우 『수서』 율력지에 의하면 開皇官尺은 後周市尺으로서 이른바 後魏後尺인데 그 길이는 29.5765cm가 된다. 이는 수의 개황관척이 이미 북위 대에 만들어졌음을 보여준다. 北魏의 기준척은 29cm이다. 이 기준척이 후주를 거쳐 수에 이르기까지 사용되었다. 당대척은 바로 수의 개황관척을 이어받은 것이다. 남조의 실물자료는 25cm와 25.2cm의 자가 출토되었다. 북위의 실물자료는 30.9cm의 銅尺이, 수의 실물 자료는 29.67cm의 人物과 花卉 문양이 있는 銅尺이, 당의 실물자료는 29.3cm에서 31cm의 자가 출토되었다. 그리고 일본 正倉院에 소장되어 있는 唐尺의 길이는 29.5cm에서 30.7cm에 이르기까지 다양하다.[4]

### 2) 量과 衡

양기는 주로 토기와 청동기로 만들었다. 秦나라 商鞅의 方升器에는 1척의 길이까지 포함되어 있다. 여기에는 부피와 더불어 양기의 무게까지도 새긴 명문이 있어 도량형 연구에 좋은 자료가 된다. 진시황이 도량형을 통일할 때 1승은 200㎖로 하였는데 이 기준은 전한, 왕망의 신, 후한대에도 조금씩의 차이는 있으나 그대로 지켜졌다. 그 사례로는 元初大司農銘銅斗를 들 수 있다. 이 동두는 器壁에 "大司農平斗 元初三年二月造"가 새겨져 있는데 원초는 후한의 연호이므로 116년에 만들어졌음을 알 수 있다. 높이는 7.8cm, 구경 20.3cm, 바닥지름 16.7cm이고 용적은 1,970㎖이어서[5] 1승은 200㎖가 된다.

---

2) 이에 대한 서술은 國家計量總局 · 中國歷史博物館 · 古宮博物院 主編, 邱隆 · 兵光明 · 顧茂森 · 劉東瑞 · 巫鴻 共編, 金基協 譯, 1993, 『中國度量衡圖集』, 法仁文化社에 의거하였다. 이하 이 책의 인용은 '김기협 역'으로 약칭하기로 한다.

3) 『隋書』 卷16 志第11 律曆 上에 "十二…宋氏尺 實比晉前尺一尺六分四氂 此宋代人間所用尺 傳入齊梁陳 以制樂律 與晉侯尺及梁時俗尺 劉曜渾天儀尺 略相依近…" 참조.

4) 김기협 역, 위의 책, 58~66쪽.

그러나 남북조시대로 오면서 양기는 늘어난다. 太康銘銅釜에는 "太康三年八月六日右尙方造一斗銅釜重九斤七兩 第一"이라는 명문이 있어서 이 銅器가 서진 태강 3년(282)에 만들어졌다는 것과 용량은 1斗이고 무게는 9근 7량이었음을 보여준다. 이 銅釜의 諸元을 보면 높이 12.5cm, 구경 10cm에 용적은 2,526㎖이고 무게는 2,208g이었다. 따라서 1승은 약 250㎖가 되어 후한보다 늘어난 것을 알 수 있다. 당대에 오게 되면 한 되의 용적은 645.28㎖이고 한 말의 용적은 6,452.8㎖가 되었다.

저울의 경우 양팔저울[天秤]과 1근에서 1銖까지 2:1의 비율로 체감하는 고리모양추[環權]의 존재는 무게를 매우 정밀하게 측량한 것을 보여준다. 추의 무게의 변화로 본 1근의 단위는 춘추시대에는 198~258g이었다. 진시황은 도량형을 통일하면서 250~260g으로 정하였다. 전한·왕망의 신·후한 대에는 대략 245g 내외였고, 남북조시대에는 500g 내외, 수나라에 와서는 690g 내외로 변하였다.[6)]

戰國시대의 저울추는 楚나라의 것이 대다수인데 무게는 제일 가벼운 것이 223.3g이고 대개는 250g~258g 범위이다. 秦의 경우 1근의 무게는 제일 가벼운 것이 240g이고 가장 무거운 것은 273.75g이며 대개는 250~260g 사이였다. 前漢의 경우 제일 가벼운 것은 235g이고 제일 무거운 것은 258g이지만 대개는 245~250g 사이이다. 新의 경우 241.2g, 246.98g, 249.6g이다. 後漢의 경우 가벼운 것은 236.6g이고 가장 무거운 것은 270g이며 대개는 240~257g 사이이다. 西晉의 경우 347.6g과 257.8g 및 217g의 무게가 측정되었다. 北魏의 경우 515g과 593g의 추가 나왔고, 隋의 경우 693.1g의 추가 나왔다. 唐의 경우 668.8g의 추가 나왔다.[7)]

## 3. 삼국시대의 도량형

### 1) 고구려의 도량형

고구려 자는 일본의 고대 기록인 『令集解』에서 살펴볼 수 있다. 『영집해』는 和銅 6년(713)에 和銅格이라는 도량형제도를 반포하면서 대보율령 때에 5척을 1보로 했던 척도제도를 6척 1보로 바꾼 사실을 설명하고 있다. 그러나 1보의 실제 면적의 크기는 변함이 없으며 대보율령의 5척과 화동격의 6척은 같은 크기라고 한다.[8)] 여기에서 주목되는 것은 땅을 재는 데 있어서 高麗法을 사용하였는데 高麗 5척은 지금의 大尺 6척에 해당한다는 것이다. 『令義解』에 의하면 대척은 소척의 1.2배가 되고 땅을 재거나 은, 동, 곡식 같은 부피를 재는 데 사용되었고 이외의 모든 관청이나 일반 백성들은 소척을 사용하였다고 한다.[9)] 『영의해』는 880년경의 책으로 702년에 제정된 『大寶律令』 때 척도가 중국의 『唐六典』의 척도 제도를 따라 대척과 소척으로 구분하여 정비한 것에 대한 해설서이므로 이 대척은 唐大尺을 말한다.

---

5) 김기협 역, 앞의 책, 216~217쪽.

6) 국립부여박물관, 『백제의 도량형』, 2003, 11~12쪽.

7) 이상의 설명은 김기협 역, 앞의 책, 236~348쪽까지 나오는 무게의 측정치를 간추린 것이다.

8) 『令集解』 卷12 田部 "又雜令云 度地以五尺爲步 又和銅六年二月十九日格 其度地以六尺爲步者未知令格之赴 并段積步改易之義 請久分釋 无使疑惑也 答幡云 令以五尺爲步者 是高麗法用爲度地令便 而作尺長大 以二百五十步爲段者 亦是高麗術云之 卽以高麗五尺 准今尺大六尺相當 故格云以六尺爲步者 則是令五尺內積步 改名六尺 積步耳 其於之无所損益也" 参조.

9) 『令義解』 卷10 雜令 第30 "凡度十分爲寸…十寸爲尺 一尺二寸爲大尺一尺 十尺爲丈…凡度地量銀銅斛者…皆用大 此外官私悉用小者" 参조.

『영집해』와 『영의해』의 기사에 의할 때 고려척은 당대척의 1.2배이다. 당대척은 29.3~31.35cm이다. 일본 정창원에 소장된 29.6~30.4cm의 자는 당대척이다. 이러한 당대척의 자료들을 기준으로 계산한 값에 1.2배를 하면 고려척은 35.16~37.65cm가 된다. 이에 대해 이 고려척은 고구려의 자가 아니라 동위척을 가리킨다는 견해도 있고, 고구려 자가 아니라는 입장에서 26.7cm의 古韓尺을 설정한 견해도 나왔다.[10] 그러나 고려척을 고구려 자로 보지 않으려는 이러한 견해들은 하남시 이성산성 발굴에서 35.6cm의 실물 자가 출토됨으로써[11] 무너지게 되었다. 이 실물자의 발굴로 고구려는 35.6cm라는 자를 기준척으로 사용하였음을 알게 되었다.

고구려의 양기는 『수서』 고려전에 "人頭稅는 일반인과 遊人으로 나누어 수취하였는데 일반인은 布 五匹이나 穀 五石이었고, 遊人은 3년에 한 번 세금을 내는데 10인이 세포 1필을 내었다. 租의 경우 호의 등급에 따라 上戶는 1석을, 次戶는 7두를, 下戶는 5두를 내도록 하였다"라는 기사에서 짐작할 수 있다. 이에 의하면 포목은 필로, 곡물의 양은 석과 두를 단위로 하였음을 알 수 있다. 그리고 1석과 7두는 1석이 10두라는 것과 두 아래에 승과 홉도 있었음을 짐작하게 한다. 그러나 고구려의 형기는 현재로는 자료가 없다.

## 2) 백제의 도량형

백제는 수도가 한성에서 웅진으로, 웅진에서 사비로 이동하면서 도량형에도 변화를 가져왔다. 한성도읍기의 도량형에 대해 종래의 연구에서는 後漢尺 즉 23cm로 보았다. 그러나 칠지도의 길이 75cm에 후한척을 대입해 보면 완수로 떨어지지 않는다. 반면에 남조 동진척 25cm를 적용하면 3자로 떨어진다. 따라서 4세기에 들어와 한성도읍기의 기준척은 25cm로 볼 수 있다.[12] 이 기준척은 웅진도읍기 및 사비도읍기의 전반에도 그대로 적용되었다.

그런데 성왕이 사비도성을 건설할 때 사용된 척도에 대해 일제시대 이래 35cm의 高句麗尺이 사용되었을 것이라는 견해가 있어 왔고 해방 이후에도 이 견해는 보완되고 강조되었다.[13] 이와는 달리 일본의 법륭사를 비롯하여 백제 미륵사지, 정림사지 등에 대한 측정치를 토대로 26.7cm라는 자를 추출한 후 이를 古韓尺으로 명명하고 사비도성 건설에 이 고한척이 사용된 것으로 보는 견해도 있다.[14] 그러나 근래에는 사비도읍기에 백제가 고구려척이나 고한척을 사용하였다는 견해를 비판하고 25cm의 자가 영조척으로 사용되었다는 견해가 제기되었다. 이러한 견해는 부여 능산리 왕릉군과 능안골고분군 등의 석실의 크기에 대한 검토와 부여 관북리유적의 도로 구획과 궁남지 및 군수리지점의 동서도로에 대한 세밀한 검토를 통해 확인된 것이다.[15] 1척=25cm라는 이러한 견해는 타당하다고 본다.

사비도읍기 후반에 와서 부여 쌍북리에서 실물자가 출토되었다. 복원한 결과 이 자의 길이는 29cm임이 밝혀졌다.[16] 29cm의

---

10) 新井宏, 『まぼろしの古代尺－高麗尺はなかつた』, 吉川弘文館, 1992.
11) 유태용, 『35.6의 고구려자』, 서문문화사, 2001.
12) 노중국, 「백제의 도량형과 그 운용－척도의 변화를 중심으로」 『한국고대사연구』 40집, 한국고대사학회, 2005.
13) 米田美代治, 『韓國上代建築の硏究』, 1944 ; 秋田屋 譯, 『韓國上代建築의 硏究』, 1976 ; 동산문화사 및 藤島亥治郎, 『朝鮮建築史論』, 경인문화사, 1969 ; 박순발, 「백제도성의 변천과 특징」 『정덕기박사화갑기념한국사학논총』, 1996 ; 이병호, 「백제 사비도성위 조영과 구획」, 서울대학교 대학원 석사학위논문, 2003.
14) 新井宏, 『まぼろしの古代尺－高麗尺はなかつた』, 吉川弘文館, 1992.
15) 山本孝文, 「한국고대율령의 고고학적 연구」, 부산대학교대학원 박사학위논문, 2005, 100쪽 ; 윤선태, 「웅진·사비기 백제의 척도제－사비도성의 공간구성과 관련하여」 『고대동아세아와 백제』, 서경, 2003.

자는 위덕왕대에 수나라로부터 받아들인 것이다. 이렇게 보면 백제의 기준척은 3세기까지는 23cm, 4세기 이후 6세기 전반까지는 25cm, 6세기 후반 이후에는 29cm의 자가 사용된 것으로 정리할 수 있다.

양기의 경우 공주 동곡리와 남산리 및 청주 봉명동에서 출토된 솥 모양 토기는 중국 서진의 '太康銘銅釜'와 유사하므로 양기로 볼 수 있고, 청주 신봉동에서는 출토된 손잡이바리는 후한의 '元初大司農銘銅斗'와 비슷하여 양기로 볼 수 있다. 이러한 토기들이 출토된 유적들은 4~5세기대로 편년되고 있다. 태강명동부의 용량이 2,526㎖이다. 이로 미루어 볼 때 2,700~2,800㎖의 남산리와 봉명동 출토품은 1말들이라고 할 수 있고, 4,500㎖의 동곡리 출토품은 1두 5승의 용기로 볼 수 있겠다.[17] 신봉동에서 출토된 손잡이바리의 용적은 2,400~2,600㎖의 것과 3,400~3,600㎖의 것으로 나누어지는데 남조의 1두의 용량이 2,456~2,612㎖이므로 2,400~2,600㎖의 손잡이바리는 남조의 1斗이고, 3,400~3,600㎖의 것은 1斗 5升으로 추정해 볼 수 있겠다.[18]

사비시기 후기에 와서 양기로는 부여 쌍북리 출토 양기와 부여 화지산 출토 양기가 있다. 이 용기들은 7세기 대의 것이다. 쌍북리 출토 양기의 용적은 6,326㎖이고, 화지산 출토된 양기의 용적은 3,196㎖이다. 당의 경우 한 말의 용적은 6,452.8㎖이다. 이로 미루어 보면 쌍북리 출토 목재 양기는 1말에 해당되고, 화지산 출토 양기는 5되에 해당된다고 할 수 있다.[19] 이는 백제의 양기가 사비도읍기 후반기에 와서 6,300~6,400㎖ 정도로 늘어났음을 보여주는데 척도가 종래의 25cm에서 29cm로 바뀐 것과 궤도를 같이 한다.

백제의 형기는 石錘에서 짐작할 수 있다. 한성도읍기의 석추로는 서울 석촌동 3호분 주변에서 출토된 석추, 홍성 신금성에서 출토된 2개의 석추를 들 수 있다. 신금성에서 출토된 전문도기의 4세기 중엽 경으로 추정되고 있다.[20] 석촌동 석추의 무게는 160g이고, 신금성 석추의 경우 하나는 138g이고 다른 하나는 140g 정도이다. 이 시기 남조의 한 斤의 무게는 대개 291g 정도였으므로 신금성 출토 저울추들은 반 근 무게의 추로 보인다.

웅진도읍기의 형기 관련 자료로는 무령왕릉 출토 왕비의 은팔찌에 새겨진 "庚子年二月多利作大夫人分二百卅主耳"라는 명문과 銀製花形粧飾에 새겨진 "一百四十"이라는 명문을 들 수 있다. 팔찌의 명문 가운데 主는 朱와 같은 음으로 무게의 단위인 銖를 말한다고 한다. 따라서 팔찌의 중량은 230銖가 된다. 銀製花形粧飾의 경우 무게는 9.572g인데 이를 남조 1근의 무게로 환산해 보면 약 140絫에 해당된다. 絫는 銖의 1/10의 무게에 해당된다. 따라서 '一百四十'은 140루를 표기한 것으로 볼 수 있다.[21]

사비도읍기의 형기 관련 자료로는 부여 가탑리와 구아리에서 출토된 '一斤'銘이 새겨진 석제 거푸집과 석추 등을 들 수 있다. '一斤銘' 거푸집의 경우 확인된 부피 값으로 금속의 비중을 고려하여 무게를 구해 보니 은의 경우 구아리의 것은 261.25g이고 가탑리의 것은 286.97g로 측정되었다. 이 시기 남조의 1근의 무게는 291g이다. 이로 미루어 이 거푸집은 은을 제작하는 데 사용된 것으로 추정되고 있다.[22]

석추의 경우 동남리 출토 석추의 무게는 51.804g이고, 관북리 출토 석추의 무게는 525.324g이고, 정림사터에서 출토된 석추의 무게는 680.310g이다. 관북리 출토 석추의 무게는 북위의 1근의 무게와 가장 유사하고, 정림사터 출토 석추는 수 및 당나라의 1근의 무게와 유사하며, 사천왕사터 출토 석추는 수나라 저울추 무게와 비교하면 반 근이 된다. 한편 부여 정림사지에서는 고리

16) 이강승, 「백제시대의 자에 대한 연구-부여 쌍북리유적출토 자를 중심으로」『한국상고사학보』43집, 한국상고사학회, 2000.
17) 국립부여박물관, 『백제의 도량형』, 2003, 48~51쪽.
18) 국립부여박물관, 위의 책, 52~57쪽.
19) 국립부여박물관, 위의 책, 58~61쪽.
20) 충남대학교박물관, 『신금성』충남대학교박물관총서 제10집, 1994, 263~273쪽.
21) 국립부여박물관, 위의 책, 88~93쪽.
22) 국립부여박물관, 위의 책, 78쪽.

모양의 저울추가 출토되었는데 이는 양팔저울에 물건을 올려놓고 무게를 달 때 사용하는 저울추이다.

### 3) 신라의 도량형

신라의 도량형은 삼한시기의 사로국, 삼국기 신라, 통일기 신라로 나누어 살펴볼 수 있다. 삼한시기 사로국의 도량형은 서기전 1세기 후반 경으로 편년되고 있는 다호리 유적에서 추정해 볼 수 있다. 여기에서 출토된 5개의 붓대의 길이는 23cm이다. 이는 후한척과 일치한다.[23] 이로 미루어 볼 때 삼한시기 사로국에서도 23cm의 자를 사용하였을 가능성이 크다.

삼국기 신라의 도량형에 대한 자료는 거의 없고 또 고고 자료도 아직 확보되어 있지 못한 실정이다. 척도의 경우 추정 자료는 황룡사9층탑의 창건이다. 이 탑의 조성에는 백제 장인 아비지가 大匠으로 참여하였다. 아비지가 활동하던 의자왕대에 백제에서는 29cm의 자가 사용되었다. 따라서 황룡사의 창건에도 아비지는 29cm의 자를 활용하였을 가능성이 크다.

통일신라 초기의 척도 자료로는 단석산신선사 조상기가 있다. 이 조상기에는 미륵석상의 높이를 3장으로 표기하고 있는데 실측된 석상의 높이는 6.72m 정도였다.[24] 이로 미루어 이 석상은 20cm의 자로 만들어진 것을 알 수 있다. 8세기 초에 건조된 황복사금동사리함기에는 6촌의 미륵상 1구를 넣었다는 명문이 있다. 이를 분석하면 1척은 20~23.3cm가 정도가 된다. 이 두 사례는 後漢尺 23cm에 가깝다.

한편 7세기 신라 유적으로 추정되는 이성산성에서 29cm가 출토되었다. 이러한 사실은 통일 초기에 29cm의 자와 20cm가 함께 사용되었을 가능성을 보여준다. 이를 입증해 주는 것이 관문성의 작업 거리 측정 결과, 해인사묘길상탑지 기록인 1장 3척 등의 자료 등이다. 관문성의 경우 실측 길이는 약 12km인데 長城의 길이 40,757척으로 나누면 1척은 29cm가 된다.[25] 해인사묘길사탑의 경우도 정리하면 1척 = 29cm가 된다. 29cm는 당대척이다. 따라서 이러한 자료들은 통일신라 후기에 기준척이 당대척으로 변화하였음을 보여준다.

문헌기록 상에서 신라의 포백척은 문무왕 5년(665)에 세포의 1필은 이전의 10尋에서 길이 7보, 폭 2척을 기준으로 한다는 것에 의해 짐작할 수 있다.[26] 尋은 8척을 말한다. 그리고 이 시기 1步는 6척이다. 이 기사에 의하면 통일 이전 견포 1필은 10尋 = 80척이었음을 알 수 있다. 그러나 665년에 와서 문무왕은 1필의 크기를 길이 7보 = 42척, 폭 2척으로 고쳤던 것이다.

통일기 신라의 양기에서 1석은 15두와 20두가 함께 사용되었다. 1석이 20두임을 보여주는 것이 正倉院 佐波理加盤 문서에 나오는 "受丑二石上米十五斗七刀" 등의 기록이다. 이에 의하면 1석은 20두였음을 짐작할 수 있다. 그러나 1석 = 15두도 함께 사용되었다. 한편 성덕왕은 빈민구제를 위해 하루에 곡식 3승을 지급하였다. 그런데 중국 한대의 빈민구제곡의 하루 지급량은 3승이다. 이로 미루어 보면 통일신라시대 1승은 한대의 1승과 동일하다. 한대의 1승은 약 200㎖ 정도이다.[27] 통일신라시대 형제의 단위는 근, 량이 중심이었다. 성덕대왕신종의 중량은 18.9톤이다. 이로 미루어 1근의 중량은 한 대의 중량과 비슷하게 약 200g 내외로 추정된다.

---

23) 이건무, 「다호리 유적 출토 붓(筆)에 대하여」『고고학지』 4집, 한국고고미술연구소, 1992.
24) 이종봉, 『한국중세도량형제연구』, 혜안, 2001, 66~67쪽.
25) 박방룡, 「신라 관문성의 명문석」『미술자료』 31집, 국립중앙박물관, 1982.
26) 『三國史記』 卷第7 新羅本紀 文武王 5年條의 "緝布 舊以十尋爲一匹 改以長七步廣二尺爲一匹" 참조.
27) 이종봉, 위의 책, 141~142쪽.

## 4) 발굴된 고대 도량형기

### (1) 척도

① 부여 쌍북리 출토 백제 자

백제의 실물자의 사례로는 부여 쌍북리 출토 자를 들 수 있다. 이 자와 함께 출토된 토기 편들에서는 '…月卄', '舍', '大' 등 명문이 있었다. 발견된 자는 완형이 아니라 5.5치에 해당되는 일부분만 남아 있다. 전체 형태는 한쪽이 굵고 한쪽이 약간 가는 단면 사각형의 기다란 막대 형태를 하고 있다. 완전한 형태를 가진 끝 부분에서부터 길이를 재어보면 29.0 · 14.5 · 14.5 · 15.0 · 14.5 · 15.0 · 14.5(부러진 부분 복원치) · 14.5 · 14.5 · 14.5 · 14.5mm이다. 현재 남아 있는 총 길이는 19.20cm이다. 이 수치를 바탕으로 자를 복원하면 끝에 29mm 정도의 손잡는 부분 정도를 남기고 한 치의 길이는 29.0~29.5mm 정도가 되므로 1자는 29.0~29.5cm로 복원된다. 나무는 호두나무 종류인 듯하다. 이 자는 목재이고 눈금을 5푼 단위로 새긴 것이 특징이다. 그러나 규모나 형태를 다른 나라의 자와 비교해 보면 장식이나 규격 면에서 매우 빈약하고 격이 떨어진다. 아마도 이 자는 민간에서 사용하였을 가능성이 크다. 쌍북리 자가 출토된 유적의 조성 시기는 7세기 전반으로 당대와 일치한다. 따라서 29cm의 쌍북리 자는 당척의 영향을 받아 만들어진 것으로 볼 수 있겠다.[28)]

② 하남 이성산성 출토 고구려 자

이 자는 한양대학교가 2000년 제7차로 발굴한 경기도 하남시 춘궁동의 이성산성의 C지구 저수지 N0E0의 제5문화층에서 출토되었다. 이 문화층은 고구려 문화층으로 확인되었다. 따라서 이 자는 고구려 자라고 할 수 있다. 네모진 각목 형태의 이 자의 폭은 눈금이 새겨진 부분에서는 1.5cm이고 반대쪽의 끝 부분은 1.1cm이다. 이 자의 전체 길이는 36.1cm이지만 눈금이 끝에서 0.5cm 간격을 두고 시작하고 있어 실제 길이는 35.6cm가 된다. 이 고구려 자는 전체 3구간으로 나누어져 있다. 첫째 구간은 5개의 치[寸]로 나누어져 있고 각 치는 다시 5개의 푼[分]으로 나누어져 있다. 두 번째 구간은 첫째 구간과 마찬가지로 5개의 치로 나누어져 있으나 눈금으로 세분하여 표시하지 않았다. 세 번째 구간은 치나 푼 같은 특별한 표시 없이 그대로 두었다. 이성산성 출토 고구려자의 구조는 다섯 개의 푼이 모여서 한 치가 되고 다섯 치가 모여서 한 구간이 되며, 이 세 구간을 합하면 한 자가 되는 것이다. 이를 미터법으로 환산하면 한 푼은 0.474668cm가 되고 한 치는 2.37334cm가 되며, 한 자는 35.6001cm가 된다. 따라서 고구려 자의 정확한 길이는 35.6001cm였다.[29)]

③ 하남 이성산성 출토 신라 자[30)]

이 자는 춘궁동의 이성산성 C지구 저수지 제4문화층에서 발굴되었다. 이 자는 단면이 장방형의 형태이고 전체적인 외관은 넓적하다. 자의 길이는 29.8cm이며 눈금은 치에만 새겨져 있다. 이 자가 발견된 층위 아래에서 고구려 자가 출토되었으므로 C지구 제4문화층의 연대는 7세기 후반으로 추정되고 있다. 7세기 후반은 신라가 삼국을 통일한 시기이고 중국의 경우 당나라 시기이다. 당나라의 기준척은 29cm~30cm이다. 따라서 이성산성 출토 자는 신라가 당의 도량형을 받아들여 만든 것으로 볼 수 있다.

---

28) 이강승, 「백제시대의 자에 대한 연구—부여 쌍북리유적출토 자를 중심으로」『한국상고사학보』43집, 한국상고사학회, 2000.
29) 유태용, 『35.6의 고구려자』, 서경문화사, 2001, 217~219쪽.
30) 유태용, 같은 책, 220~221쪽.

## (2) 양기

### ① 부여 쌍북리 출토 量器

부여 쌍북리에서는 29cm의 자와 더불어 세장방형 목판 2점이 출토되었다. 하나는 짧은 변 가장자리에 오목한 凹 모양의 홈이 파여져 있고 다른 하나는 짧은 변 가장자리에 볼록한 凸 모양의 돌출부가 있어 결합할 수 있게 되어 있다. 목판 2점 모두 긴 변의 밑면에 못 자국이 남아 있어 넓은 판으로 바닥을 막은 것으로 볼 수 있다. 목판은 각각 길이 29.3cm · 폭 8.2cm · 두께 0.8cm와 길이 29.6cm · 폭 8.2cm · 두께 0.8cm이다. 이를 홈을 짜 맞추어 복원할 경우 그 내부 크기는 27.6×27.95×8.2cm가 된다. 이를 근거로 내부 용적을 계산하면 6,326㎖가 된다.[31] 그런데 이 목제품의 한 변의 길이는 쌍북리 출토 자의 길이 29.1cm와 거의 같다. 따라서 이 量器는 한 변이 1자인 목재로 만든 양기라 할 수 있다.

### ② 부여 화지산 출토 양기

부여 궁남지 동쪽의 화지산은 백제 때 望海亭이 위치한 곳으로 추정되는데 이곳에서 석제 용기가 출토되었다. 화지산은 부여 궁남지의 동쪽에 위치한 산으로 백제 때는 望海亭이 위치한 곳으로 서쪽 기슭에는 離宮 터가 있었던 곳으로 전해온다. 이 석제 용기는 이궁터로 전해진 곳에서 출토되었다. 모양은 양쪽에 손잡이가 달린 사각형인데 半破되었다. 손잡이를 중심으로 복원해 보면 외부 크기가 가로 20.1cm, 세로 19.0cm, 높이 14.6cm이고 내부 크기는 가로 17.0cm, 세로 15.8cm, 깊이 12.6cm이다. 내부의 바닥 중앙이 가장자리보다 1.4cm 정도 더 깊은 것을 감안하면 그 용적은 3,196㎖이다. 이는 본 양기가 5되에 해당되는 것임을 보여준다.[32]

## (3) 형기

### ① 창원 다호리 출토 銅環權

창원 다호리 유적에서는 4개의 銅環權이 출토되었다. 이 동환권은 다호리 1호분의 묘광 바닥의 중앙부에 만들어진 장방형의 腰坑 안의 竹篋에 들어있었다. 이 죽협 안에는 동환권 이외에 칠초동검 · 칠초철검 · 동모 · 철모 등이 무기류와 삭도 · 주조철부 · 겸형철기 등의 利器類가 오수전, 청동대구, 마착, 성운문경 등 중국 한대의 유물과 붓도 함께 출토되었다. 이 동환권의 무게는 각각 5.20g, 10.25g, 11.55g, 22.73g이며 체감률은 1:2이다.[33] 이 다호리 무덤은 기원후 1세기 후반경으로 추정되고 있어 이 동환권은 후한대의 도량형을 기본으로 한 것으로 볼 수 있다. 그렇지만 중국의 廣州市 교외에서 출토된 후한의 6개의 동환의 무게는 2.45g, 4.4g, 12.2g, 25.4g, 40.3g, 101.8g이어서[34] 본 동환권과 일치하지 않는다. 따라서 이 동환권은 후한의 동환권과 무게를 달리하는 것인지 아니면 삼한에서 후한의 동환을 모델로 하여 자체적으로 만든 것인지 알 수 없다. 아마도 전자일 가능성이 크지 않을까 한다.

---

31) 국립부여박물관, 『백제의 도량형』, 2003, 58~60쪽.
32) 국립부여박물관, 같은 책, 58~61쪽.
33) 국립부여박물관, 같은 책, 13쪽.
34) 김기협 역, 앞의 책, 342~343쪽.

## 4. 고려시대 도량형

고려 전기 이전의 척은 조선 초기처럼 다양한 척의 종류가 존재한 것이 아니라 중국의 唐·宋代처럼 하나의 기준척을 양전척, 포백척, 영조척 등 여러 용도로 사용하였다. 반면 12세기 이후 금의 小尺이 형장척으로 수용되었고 새로운 양전척인 指尺이 隨等異尺으로 사용됨으로써 척이 指尺, 唐大尺(= 포백척, 영조척) 등으로 분화되었다. 12세기 이후 영조척과 포백척으로 공존했던 당대척이 여말의 사회적 혼란을 틈타 포백척을 신장시켜 나감으로써 영조척과 포백척으로 분리되었다. 원 간섭기에는 원의 척도 수용되었다.

고려 초기의 유물인 청주 용두사철당간기에 의하면 이 당간은 30단의 철통이다. 현재는 20단만 남아 있고 전체 높이 12.7m이고 1단 = 2척의 높이는 63cm이라고 한다. 이에 의하면 용두사 당간 조성에 사용된 기준척은 31.5cm가 된다.[35] 太平十年銘鍾은 고려 현종 21년(1030)에 만들어졌는데 종의 높이가 2척 4촌 2분으로 기록되어 있다. 현재의 높이와 74.2cm와 연결시켜 보면 30.66cm가 된다. 이외에 고려 당시의 건축물인 부석사의 조사당, 봉정사의 극락전, 수덕사의 대웅전, 강릉 객사문 등의 실측치를 보면 기준척은 모두 31cm이다. 또 개성의 만월대, 장안사의 대웅보전, 개성 현화사 7층석탑의 기준척도 31cm였다.[36] 이는 고려시대 영조척에 사용된 기준척이 31cm임을 보여주는 것이다.

고려의 양제는 1석 15두가 공식적인 체계였다. 그러나 후기에 이르러 양제의 문란으로 1석 = 20두도 민간에 널리 사용되었다. 고려시대 1승의 용적은 통일신라시대 1승의 용적보다 증대되었기 때문에 고려시대 1석 = 15두는 통일신라시대의 1석 = 20두보다 훨씬 큰 것이었다. 고려시대 1승의 용적은 문종 7년 곡두식과 思惱寺 출토 靑銅油斗의 자료를 통해 추정할 수 있다. 고려시대 양기의 제작에서 사용된 척은 조선 전기의 양척으로 영조척이 사용된 점을 고려하면 영조척이 量尺으로 사용되었다. 고려시대 영조척의 길이는 약 31cm였다. 따라서 문종 곡두식을 통한 고려시대 1승의 용적은 약 343㎖ 내외로 추정된다. 그리고 사뇌사 출토 청동유두는 청주목의 검인을 받은 후의 양기로 5,000㏄이다. 이를 통한 1승의 용적은 333㎖이다. 따라서 고려시대 1승 용적은 약 340㎖임을 알 수 있다.[37]

통일신라시대 성덕대왕 신종의 중량 18.9톤에서 미루어 1근의 중량은 한 대의 중량과 비슷하게 약 200g 내외로 추정된다. 이러한 중량 단위는 나말여초기에 변화되기 시작하여 고려 靖宗 6년(1040)에 양제와 함께 1근의 중량 단위로 크게 증가되었다. 그것은 정종대 이후에 제작된 飯子, 金口 등의 중량을 측정하여 볼 때 근사치가 중국의 수, 당, 송대와 비슷하게 나타나기 때문이다. 따라서 고려시대 1근의 무게는 약 600g 내외인 것으로 추측된다.

원 간섭기의 고려에서는 중국과의 교역 때문에 저울을 받아들였는데 충렬왕 2년(1276)에는 우리나라의 저울제도를 원나라에 맞추기도 하였다. 원나라에서 보내준 16근 저울 한 대, 10근반 저울추 한 벌, 3근2량 저울 추 한 개를 받아서 전국적으로 상용하였고, 그것이 부족하여 원나라로부터 저울대와 저울추를 각각 500개씩 주기를 청하고, 이에 원나라에서는 저울 500개를 보내주기도 하였다. 따라서 신안에서 발굴된 저울과 저울추는 고려시대에도 통행되었던 것으로 추정된다.[38]

---

35) 이우태, 「신라 촌락문서의 촌역에 대한 일고찰」 『김철준박사화갑기념사학논총』, 1983, 146쪽.
36) 이종봉, 『한국중세도량형제연구』, 혜안, 2001, 77~83쪽.
37) 이종봉, 같은 책, 130~135쪽 및 150~152쪽.
38) 이종봉, 같은 책, 207~212쪽.

## 5. 조선시대 도량형

### 1) 척도

조선시대의 도량형은 세종 대에 이전의 도량형에서 생겨난 착오를 바로잡음으로써 일단 정비되었다. 이때 정비된 도량형과 관련한 사항들이 『경국대전』에 수록되어 이후 도량형의 전범이 되었다. 여기에는 釐, 分, 寸, 尺, 丈 등을 길이 단위로 표시하였다.[39)]

조선시대의 자로는 黃鐘尺, 周尺, 造禮器尺, 布帛尺, 營造尺이 있었다. 황종척은 각종 악기의 제조와 음률을 맞추는 데 사용하는 표준자로 세종 7년(1425)에 박연이 해주산 검은 기장 100알을 나란히 쌓아 그 길이를 황종척 1척으로 하였다. 주척은 주로 측우기 등 천측 기구를 측정하거나 사대부집 사당의 신주를 만들 때 사용하며 그 밖에 도로의 거리 수, 묘지의 영역, 훈련관 교정의 거리 수, 활터의 거리 수를 잴 때 사용하였다. 그리고 토지를 재거나 시체를 검시할 때도 사용하였다. 세종 12년에 집현전으로 하여금 주척을 상고하여 교정하게 한 후 이를 기준으로 영조척 등 각종 척도를 교정하여 전국에 반포하였다. 量田尺은 토지를 측량할 때 쓰는 자이다. 조례기척은 종묘 및 문묘 등의 각종 예기를 제작하는 데 사용한 자인데 命婦의 印信을 제작하는 데도 쓰여 印用尺이라고도 한다. 세종 12년(1430)에는 주척을 기준으로 교정되었다. 영조척은 곡척, 대척, 금척 등으로 불렸다. 가옥이나 성벽, 烽火, 사직단 등의 壇, 山陵과 陵室 등을 축조할 때나 되, 말 등의 量器를 만들 때 표준척으로 사용하였다. 세종 22년에는 주척을 기준으로 교정되었고 세종 28년에는 새로 만든 영조척 40개를 전국에 나누어주기도 하였다. 영조척은 주척과 조례기척보다는 약간 길며, 포백척보다는 약간 짧다. 布帛尺은 布木의 貿易과 의복을 만드는 데 쓰는 자로 針尺이라고도 한다. 포백척은 지방에 따라 또는 사용하는 사람에 따라 길이가 일정치 않았다. 세종 12년(1430)에 다른 도량형기는 모두 교정되었으나 포백척만은 교정되지 않아 세종 13년(1431)에 각 관으로 하여금 竹尺을 만들어 京市署로 보내어 교정하게 한 후 세종 28년(1446)에는 새로운 포백척을 만들어 전국에 나누어주었다.

세종대에 제정된 각종의 자를 미터법으로 환산하면 황종척 34.7cm, 주척 20.795cm, 영조척 31.230cm, 조례기척 28.621cm, 포백척 46.703cm였다. 정조 4년(1780)에 서명응 등이 편찬한 음악서인 詩樂和聲에 수록된 黍尺圖象에 그려진 실측치를 보면 종서척은 25.4cm로 9등분(1촌 : 28mm), 횡서척은 25.4cm로 10등분(1촌 : 26mm)하였다. 주척은 미터법으로 환산하면 28cm 정도다. 조례기척은 미터법으로 환산하면 대략 30cm 정도이다. 포백척을 미터법으로 환산하면 대략 46cm이다.[40)]

---

39) 『經國大典』 工典 度量衡 "諸司諸邑度量衡 本曹制造(諸邑量則各送一件于諸道 令觀察使依制平校烙印) 京平市署 外巨鎭平校並烙印(度之制 十釐爲分 十分爲尺 十尺爲丈 以周尺准黃鐘尺則周尺長六寸六釐 以營造尺准黃鐘尺則長八寸九分九釐 以造禮器尺准黃鐘尺則長八寸二分三釐 以布帛尺准黃鐘尺則長一尺三寸四分八釐 0 量之制 十勺爲合 十合爲升 十升爲斗 十五斗爲小斛[平石] 二十斗爲大哭[全石] 0 衡之制 黃鐘之管其容水中八十八分 十釐爲分 十分爲錢 十錢爲兩 十六兩爲斤 大稱一百斤 中稱三十斤 或七斤 小稱三斤或一斤)" 참조.

40) 이상의 서술은 국립민속박물관, 『한국의 도량형』, 1997를 요약 · 정리한 것이다.

## 2) 양기

양기는 조세 수취나 민간에서 거래를 할 때 사용하는 것이다. 따라서 중간 매개체로서의 되, 말의 사용은 공정성을 유지해야 했다. 『경국대전』 공전 도량형조에는 勺, 合, 升, 斗, 昔 등의 양의 단위를 정하였다. 단지 석 단위에서 우리나라에서는 10두를 1석으로 하지 않고 15두를 小斛平石으로 정하고 20두를 大斛全石으로 정하고 있는 점이 다르다.

홉(合)은 한줌의 양으로 합한다는 의미이다. 되의 1/10분의 일을 나타내는 단위로서 10勺을 말한다. 홉은 주로 조, 깨 등 조그마한 곡물을 재는 데 사용한다. 되[升]는 두손으로 움켜잡은 양 즉 한 움큼의 양으로 오른다의 의미를 나타낸다. 『계림유사』에는 되를 刀(되)로 표기하고 있다. 되는 10홉의 양으로 형태는 주로 장방형이다. 말(斗)은 10되의 양으로 모은다는 의미를 나타낸다. 밀대(槪木)는 되나 말질을 할 때 일정하게 하기 위해 사용하는 도구로 平木, 槪子, 평미레라고도 한다. 섬(石, 斛)은 원래 황종관에서 나온 무게 단위로 120근을 나타낸다. 중국의 경우 송대에는 1석을 10두, 1곡은 5두로 정하여 석과 곡을 구분하여 사용하였다. 우리나라의 경우 고려시대에는 1석을 15두로, 조선시대에는 小斛[平石]을 15두, 大斛[全石]을 20두로 정하였다. 세종 28년에 규정된 홉은 신영조척으로 길이가 2촌, 넓이가 7분, 길이가 1촌 4분, 용적이 1촌 9분 6리로 약 0.06ℓ에 해당된다. 세종 28년(1446)에 규정된 小斛은 신영조척으로 길이가 2척, 넓이가 1척, 높이가 1척 4촌 7분으로, 약 91.7ℓ에 해당하고 大斛은 길이가 2척, 넓이가 1척 2촌 2분, 높이가 1척 7촌 2분으로, 약 122.3ℓ에 해당한다.[41]

## 3) 저울[秤]

저울[秤]은 저울대 위에 分, 錢, 兩, 斤을 새긴 衡과 끈으로 錘와 접시를 매어단 準으로 구성된다. 『경국대전』 공전 도량형조에 리, 분, 전, 량, 근의 무게 단위를 정하였다. 그리고 저울의 종류로서 大秤은 100근, 中秤은 20근 혹은 7근, 小秤은 3근 혹은 1근으로 분류하였다.

태종 10년(1410)에 사헌부에서 서울에서는 말과 섬을 검사할 때 저울도 더불어 바르게 하고, 지방에서는 감사가 경시서에서 검사한 저울을 가지고 검사하도록 하였다. 세종 3년(1421)에는 공조에서 저울을 교정하여 만들고 경시서에 두고서 판매하도록 하였고 세종 9년(1427)에는 공조에 명하여 서울과 지방의 저울을 모두 교정하여 새로 만들도록 하였다. 『경국대전』 공전 경공장조에는 공조에서 저울을 만드는 工人 2명이 배정되어 있다.

대저울[秤]은 小秤, 中秤, 大秤으로 분류된다. 『경국대전』에 小秤은 3근 혹은 1근, 중칭은 20근 혹은 7근, 대칭은 100근으로 규정하고 있다. 소칭은 주로 약재나 금 · 은 등의 무게를 다는 데 사용한다. 중국에서는 等子, 等秤이라 하였고, 우리나라에서는 等子, 分秤이라 하였다. 중칭은 주로 곡물, 야채 등 생활용품을 측정하는 데 사용한다. 대칭은 쌀가마, 보리가마, 돼지 등 주로 무거운 물건을 측정하는 데 사용하였다. 天秤은 대의 양쪽에 똑같은 크기의 저울판을 달고 한 쪽에는 달 물건을, 한 쪽에는 추[分銅]를 놓아 평행을 이루게 하여 다는 저울이다. 맞저울, 평형저울이라고도 한다.[42]

---

41) 이상의 서술은 국립민속박물관, 『한국의 도량형』, 1997를 요약 · 정리한 것이다.
42) 이상의 서술은 국립민속박물관, 『한국의 도량형』, 1997를 요약 · 정리한 것이다.

# 6. 도량형의 운용과 확대

## 1) 도량형 검사

도량형이 제대로 지켜지지 않으면 그 사회는 갈등을 일으키거나 혼란에 빠지게 된다. 그러므로 국가는 도량형 사용에 일정한 통일성을 갖도록 노력하였다. 삼국시대에 도량형의 통일성을 기하기 위해 어떠한 조치들이 행해졌는가를 보여주는 자료는 없다. 이러한 자료는 고려 이후에 나온다. 『고려사』 靖宗 6년(1040)조에는 "命有司定權衡平斗量"이라 한 기사에서 보듯이 이전에 사용하던 양기의 용적이 동일하지 않아 도량형의 용적을 새로이 정하였다. 이러한 용적의 정리는 통일 이후 생산력의 증대에 따라 量의 체계를 증대시킬 목적에서 추진된 것으로 볼 수 있다.

이후 靖宗은 12년(1046)에 매년 봄과 가을에 공사의 칭, 곡, 두, 승과 장목과 평목을 공평하게 교정하게 하였는데 외관은 동경, 서경, 4도호, 8목의 계수관들이 이를 관장하게 하였다.[43] 이는 量制의 개편 이후 양기를 주기적으로 점검하게 하여 양기의 불법적인 운용을 막기 위한 것으로 볼 수 있다. 문종 7년(1053)에 중앙과 지방에서 사용하는 섬의 길이, 넓이, 높이 등을 참작하여 쌀, 피, 벼, 가루, 장, 콩, 팥 등을 재는 섬의 크기를 정하기도 하였다. 명종은 3년(1173)에 平斗量都監을 설치하고 말, 되를 쓸 경우에는 반드시 밀대로 쓰도록 하고 위반하는 자는 섬에 귀양을 보냈다.

그러나 左, 右倉에서 쓰는 말과 밀대가 법대도 맞지 않아 쌀 1섬을 바칠 때에 정액 이상으로 받는 것이 2말이나 되었고 이러한 폐단을 막기 위해서 각 고을의 수령들에게 직접 되질하는 것을 감시하게 하고 중앙과 지방, 국가기관과 개인이 사용하는 말의 크기를 같게 하기도 하였다. 특히 고려 말에 오면 量器를 불법적으로 제작하여 收稅하는 양상도 전개되고 사사로이 대두를 만들어 사용하기도 하였다. 공민왕 5년(1356)조에는 "옛날 조세 납부는 민이 自量自概하였는데 지금의 관리들은 대두로 잉여를 남기므로 민이 고통스러워한다. 지방의 수령은 몸소 중외를 감시하여 공사의 두곡을 같게 하라"고 하고 있다.[44]

조선시대에서 와서도 도량형의 통일과 이를 유지하려는 노력이 지속적으로 행해졌다. 태종 7년(1407)에는 의정부에서 말과 되를 서울에서는 경시서, 지방에서는 관찰사가 매년 봄, 가을로 공평하게 검사하게 하였다. 세종 15년(1433)에는 유학 朴宗直이 경시서에서 밀대에 낙인을 찍어서 나누어 주도록 건의하였다. 세종 28년(1446)에는 새로 만든 영조척으로 곡, 두, 승, 홉의 체제를 다시 정하여 구리로 만들고 서울과 지방에 반포하여 전국의 명산과 사고에 보관하게 하였다. 성종 5년(1474)에는 호조에서 각도의 界首官들에게 쇠자[鐵尺]를 나누어 보내서 말과 섬의 크고 작음과 깊고 얕음을 헤아려 말과 섬을 다시 만들게 하고 또 감사로 하여금 순행하여 검찰하게 하였다. 중종 17년(1522)에는 새로 만든 말과 되가 작기 때문에 공조와 호조로 하여금 관상감, 경시서의 척수와 국조오례의의 영조척 圖本을 비교하여 말과 되를 다시 제작하여 전국에 반포하게 하였다.

도량형을 일관성 있게 유지하려는 노력은 조선 후기에도 지속되었다. 숙종 41년(1715)에는 말과 섬의 크기가 일정하지 않고 또 고봉의 폐단이 심하여 호조로 하여금 청나라의 말과 섬을 모방해서 밑바닥이 넓고 위가 좁은 사다리꼴의 말과 섬을 구리로 만들게 하고 전국에 반포하게 하였다. 영조 16년(1740)에는 도량형 제도의 엄격한 시행을 명하고 서울과 지방의 말과 섬을 교정하게 하였다. 즉 지방 관아에서 말의 변조를 막기 위해 말의 가장자리에 鐵飾을 하도록 한 것을 엄히 시행할 것을 촉구하였다.

---

43) 『高麗史』 卷84 刑法1 職制 靖宗 12년조의 "判每年春秋 平校公私秤斛斗升平木長木 外官則令東西京四都護八牧藏之" 참조.

44) 『高麗史』 卷78 食貨1 恭愍王 5년조의 "五月 下敎…一古者租稅之納 許民自量自概 今之官吏大斗剩量 民甚苦之 其令州郡官躬親監視中外公私 同其斗斛" 참조.

유형원은 『磻溪隧錄』에서 되, 말의 문란함을 막기 위해서 공조에서 제조한 되와 말은 모두 그 연월과 官司의 이름을 새기고 개인이 만든 되와 말은 1년에 2번(춘분 · 추분)에 걸쳐 한성부와 각읍에서 검정하여 낙인을 찍어야 한다고 하였다.

조선시대의 도량형 제도는 성종대에 편찬이 완료된 『경국대전』 공전 도량형조에 규정되어 있다. 이에 의하면 각 관사와 각 고을의 도량형은 공조에서 제정하여 제조하게 하되 각 고을의 도량형은 관찰사가 1개의 標準尺量을 근거로 하여 검정하고 낙인을 찍게 하였다. 이렇게 만든 자와 되는 매년 추분에 평시서와 큰 고을에서 검정하고 모두 검인을 찍게 하였다. 그리고 저울을 만드는 工人 2명이 배정되어 있다.

영조대에 편찬된 『속대전』 공전 도량형조에는 공용, 개인용의 모든 말과 섬을 모아 다시 검정하고 낙인을 찍되 그것이 규정에 맞지 않거나 낙인의 흔적이 없으면 違令律에 따라 곤장 60대에 1년의 유배형으로 논죄하였다. 정조대에 편찬된 『대전통편』 공전 도량형조에는 軍門에서 사용하는 섬과 공용, 개인용의 말, 되는 호조의 것을 표준으로 삼게 하였다.[45]

## 2) 칭량 위반자 처벌

도량형을 위반할 경우 일정하게 제재를 가하였다. 도량형의 위반이란 도량형을 함부로 만들거나, 멋대로 크게 만들거나, 눈금을 속이거나 하는 것이 해당될 것이다. 삼국시대에 도량형 위반자에 대한 처벌의 모습을 보여주는 것이 『增補文獻備考』에 "百濟多婁王二年禁私作秤斗 在市執用 有增減者決罪"라 한 기사이다.[46] 이 기사는 백제에서 칭량의 제정과 칭량 위반자에 대한 처벌을 보여주는 중요한 자료라고 할 수 있다.

문제는 『증보문헌비고』에 나오는 이 稱量 관련 기사는 『삼국사기』 백제본기 다루왕 2년조에는 나오지 않아 신뢰성에 의문을 가지게 한다. 『증보문헌비고』는 중국의 『文獻備考』의 例에 의하여 편찬된 것이다. 최초의 편찬은 영조 46년(1770)에 홍봉한 등이 왕명을 받아 『東國文獻備考』 100권을 만들었다. 그 후 1782년에 이만운이 이를 補編하여 『증보동국문헌비고』를 만들었지만 출판되지 못하였는데 光武 7년(1903)에 撰集廳을 설치하고 박용대 등이 총 16考 250권의 『증보문헌비고』를 완성하였다.[47]

3차례 걸쳐 이루어진 『증보문헌비고』의 기사를 보면 '補'자와 '續'자가 붙은 경우가 종종 나온다. 補자는 정조 때 增補한 것을, 續자는 고종 때 補完한 기사에 대해 붙인 것을 말한다. 따라서 補자나 續자가 붙지 않은 것은 영조 때의 原文이라 할 수 있다. 백제의 稱量 관계 기사에는 補나 續자가 붙어 있지 않아 영조 때의 것임이 분명하다. 그렇다고 하면 영조 때에 『동국문헌비고』를 편찬할 당시 편찬자들은 백제의 稱量과 관계되는 참고 자료를 보고 수록하지 않았을까 한다.

이 기사는 백제의 도량형에 대해 몇 가지 중요한 사실들을 전해준다. 하나는 도량형은 원칙적으로 국가에서 제정하였지만 사사로이 만들어 사용하는 사람도 있었다는 것이다. 둘째는 사사로이 만든 도량형을 시장에서 사용하거나 유통시킨 사람도 있었다는 것이다. 셋째로는 이처럼 도량형을 함부로 증감하여 사용한 사람에 대해 국가에서는 일정하게 제재를 가하였다는 사실이다.

고려의 경우 역시 칭량 위반자에게 처벌이 가해졌다. 처벌의 구체적인 모습은 『고려사』 형법지에 의해 알 수 있다. 이에 의하면 칭, 두, 척을 사용하여 관물을 출입할 때 공평하게 아니하여 자기의 수입을 잡은 자는 1척에 장 60대를, 1필에는 장 70대

45) 이상의 서술은 국립민속박물관, 『한국의 도량형』, 1997를 요약 · 정리한 것이다.
46) 『增補文獻備考』 卷132 刑考 禁制2 雜禁 백제조.
47) 신석호, 『增補文獻備考』 상, 동국문화사, 1959에 수록된 增補文獻備考影印序 참조.

를, 2필에는 80대를, 3필에는 90대를, 4필에는 100대를 치게 하였다. 5필에는 徒 1년을, 10필에는 도 1년 반을, 15필에는 도 2년을, 20필에는 도 2년 반을, 25필에는 도 3년을 보내게 하였다. 그리고 30필의 경우 유형 3천리를, 35필에는 유형 3,000리에 가역을 하였다. 그리고 유배에 증감이 있으면 坐贓罪로 논한다고 하였다.[48)]

조선시대의 경우 영조대에 편찬된 『속대전』 공전 도량형조에는 공용, 개인용의 모든 말과 섬을 모아 다시 검정하고 낙인을 찍되 그것이 규정에 맞지 않거나 낙인의 흔적이 없으면 違令律에 따라 곤장 60대에 1년의 유배형으로 논죄하였다.

### 3) 도량형의 확대

도량형의 규격이 시간이 흐를수록 늘어났다. 이는 중국의 경우에도 마찬가지의 양상을 보이고 있다. 秦에서 淸대까지 2천여 년에 걸쳐 도량형의 단위 규격의 변화를 보면 척도는 1척 23cm가 32cm로 되어 40% 이상 늘어났고, 양기의 용량은 1승 200mℓ에서 1,000여mℓ로 되어 5배 이상으로 늘어났으며, 權重은 1근 250g에서 600g정도까지로 2배 이상 커졌다. 도량형 3자 가운데 특히 양기의 增長律이 가장 큰데 隋唐대까지 한정시켜 볼 때 척도는 秦漢에 비해 28% 증대된 반면에 量器와 衡重의 단위 규격은 모두 약 2배 이상 증대되었다.

중국에서 도량형이 이처럼 증가한 원인은 몇 가지로 나누어 볼 수 있다. 첫째는 사회 생산력의 提高에 기인한 것이었다. 농업생산 기술의 발전은 생산력을 증대시키고 그에 따라 농산물을 計量하는 도량형의 단위 규격도 필연적으로 생산력 발전에 적합한 쪽으로 발전되었다. 두 번째는 수공업과 상업 및 과학기술의 발전이 도량형 單位量制의 변화에 얼마간의 영향을 주었다는 점이다. 세 번째는 경제적 착취가 만들어낸 것이다. 중국사회의 地租 형태는 오랫동안 實物地租를 주로 하였다. 지주 계급은 농민을 더 많이 착취하기 위해 정치 경제상의 특권을 이용하여 부단히 도량형의 단위 규격을 증대하고 동시에 그것을 사회적으로 합법화하였던 것이다.[49)]

중국에서의 이러한 변화는 우리나라에서도 비슷하다고 할 수 있다. 백제의 경우 근초고왕이 도량형을 통일한 이후 한성도읍기에서 웅진 및 사비도읍기 중반경까지 백제의 도량형은 기본적으로 동진-남조의 것과 비슷하게 기준척은 25cm, 1두의 용량은 2,400~2,600mℓ 또는 2,700~2,800mℓ였다. 그러나 위덕왕대에 와서 북조 특히 隋의 도량형을 받아들이면서 척도는 29cm로, 1두의 용량은 6,300~6,400mℓ로 대폭 늘어나게 되었다. 이는 백제가 중국의 제도변화에 상당히 민감하게 반응하면서 대응해 나간 것을 보여주는 것이다.

이러한 도량형의 확대는 사비도읍기 후반기에 와서 생산력의 증대라는 경제적 조건과 대성팔족의 득세라고 하는 정치적 변화 및 중국의 도량형제의 변화에 탄력성 있게 대응하면서 국내의 도량형제를 운영해 나가고자 한 것 등이 상호 작용하여 나타난 것으로 보인다. 그러나 결과적으로 도량형의 확대는 민들의 부담을 가중시켰고, 백성들의 부담의 과중은 국가를 어려움에 빠뜨리는 중요한 요인이 되고 말았다.[50)]

통일신라시대 1근의 중량은 약 200g 내외로 추정된다. 그리고 한 되의 용적은 200mℓ였다. 그러나 고려시대로 오면 한 되의

---

48) 『高麗史』 卷85 刑法2 禁令의 "用秤斗尺度 出入官物 不平入己者 一尺杖六十 一匹七十 二匹八十 三匹九十 四匹一百 五匹徒一年 十匹一年半 十五匹以年 二十匹以年半 以十五匹三年 三十匹有三千里 三十五匹加役 流有增減者坐贓論" 참조.

49) 김기협 역, 앞의 책, 7~8쪽.

50) 노중국, 「백제의 도량형과 그 운용-척도의 변화를 중심으로」 『한국고대사연구』 40집, 한국고대사학회, 2005.

용적은 340㎖로 확대되었고, 1근의 무게도 600g로 늘어났다. 이러한 단위의 확대는 국내외 상업의 발달의 결과이면서 동시에 관청이나 경외의 유력 귀족들에 의한 수취의 강화에 의해 빚어진 것일 수도 있다. 이는 대각국사 의천이 주전론을 주장하면서 "대승과 소승의 속임수와 경량, 중량의 간교함에 선량하고 호소할 곳 없는 백성들은 근근히 몇 승합을 얻어서 키로 까불고 일어 가리면 없어지는 것이 10분의 4, 5가 된다. 비록 엄한 형벌로 처벌하더라도 금지시킬 수 없다."[51]라고 한 말에서도 짐작된다. 이렇게 도량형을 늘여가는 것은 조선시대에도 마찬가지였다. 따라서 도량형의 확대와 교활하게 이를 속이는 행태는 민의 삶을 파탄으로 몰아넣었던 것이다.

---

51) 『대각국사문집』 卷12 鑄錢論.

# 한국 고대의 척도제와 양제

윤선태(동국대 역사교육과)



## 1. 머리말

길이의 표준, 부피의 표준, 무게의 표준 등을 정하고, 그 표준량의 간단한 倍數値로서 물량을 표현하는 '度量衡' 제도는 각 지역의 이질적 문화를 하나로 소통시키고, 통합시킬 수 있는 힘을 갖고 있다. 도량형의 통일은 단순히 길이나 부피의 단위가 통일되었다는 것을 의미하는 것은 아니다. 도량형은 국가권력에 의해 법률로 강제화된 표준이며, 도량형제의 확립은 각 지역간의 배타적이고 이질적인 문화가 보편적인 '수량(數量)'에 의한 국가 지배로 포섭되었음을 의미한다. 도량형을 통일하면, 같은 지역 안에는 세금 수취나 상거래가 간편하고 공정하게 이루어진다. 더욱이 과학기술도 일정하고 표준화된 수치로 표시되어, 타 지역으로의 전파가 가능해진다.

한국 고대의 度量衡에 관한 기존의 연구는 전체적으로 보아 중국으로부터의 수용이라는 외적인 측면을 너무 강조한 감이 없지 않다. 이제는 새롭게 한국 고대 사회의 내적인 관점에서 이 문제를 바라볼 필요가 있다. 이와 관련하여 가장 주목되는 현상은 '고구려척'이다. 고구려척은 고대 일본의 자료에 남아있는데, 한국 고대 도량형제의 독자적 면모와 이러한 제도의 동아시아세계로의 전파와 문화 교류 과정을 알려 주는 중요한 상징성을 갖고 있다.

고구려는 중국의 척도제와 拮抗하면서도 '고구려척'이라는 독자의 '문화적 표준'을 창출했다. 고구려가 광활한 영토의 정복자라는 것은 누구나 알고 있지만, 그 드넓은 세계가 어떻게 고구려라는 하나의 울타리 속에 통합되고, 장기간 지속될 수 있었는가에 대해서는 고민하지 않는다. 고구려의 철갑기병 등 뛰어난 군사적 능력 때문이라고 답할 사람이 많겠지만, 무력 정복은 세계가 만들어가는 과정에 불과하다. 세계를 하나로 유지하기 위해서는 주변부가 중심의 권위를 용인하는 지배 질서의 문명적 고양이 필요하다. '고구려척'은 바로 그러한 고구려 천하의 새로운 문화적 표준으로 기능한 척도였다.[1]

최근 고대 유적에 대한 발굴 조사가 활발해지면서, 고대의 실물 재[尺]나,[2] 量制 관련 유물이 연이어 출토되고 있다.[3] 이제 한국 고대의 도량형에 관한 연구는 새로운 전기를 맞이하고 있다고 생각된다. 이에 본고에서는 최근에 발굴된 한국 고대사회의 척도제와 양제 관련 유물들을 정리하고, 이를 기초로 하여 고대 척도제와 양제의 변화 과정을 좀 더 구체적으로 이해해 보려고 한다.

## 2. 고대의 척도제

현재 한국 고대의 척도제에 대해서는 삼국시대 초기에는 23cm 내외의 척도가 사용되었고, 이 척도는 樂浪郡을 통해 들어온 중국의 漢尺 계열에 기초하여 성립하였다고 보고 있다.[4] 이후 東魏尺에서 기원한 35.6cm의 소위 '高句麗尺'[5]이 삼국시대 후기에 고구려, 백제, 신라에 널리 통용되었다고 보고 있다.[6] 또 신라 통일기에 와서는 29.7cm 내외의 唐尺이 새롭게 수용되었던 것으로 이해되고 있다.[7] 이러한 연구들에 의거한다면, 삼국의 척도제는 중국 척도제와 별 차이 없이 그에 조응하여 변하였다고 할 수 있다.[8] 그러나 이에 대해서는 몇 가지 이견도 제기되어 있다.

첫째로 漢尺 계열의 척도와 관련하여서는, 身長에만은 삼국 초기뿐만 아니라 후기에도 계속 後漢尺이 사용되었다는 견해가 있다.[9] 「斷石山神仙寺造像記」와 「皇福寺舍利函銘」으로 볼 때, 신라에서는 통일 이후 8세기 초반까지도 漢尺 계열의 척도가 佛像의 身長을 나타내는 데 사용되었음이 분명하다.[10]

---

1) 윤선태, 「한국 고대의 척도와 그 변화－고구려척의 탄생과 관련하여」 『국사관논총』 98, 2002.
2) 李康承, 「백제시대의 자에 대한 연구－부여 쌍북리유적출토 자를 중심으로」 『韓國考古學報』 43, 2000.
漢陽大學校博物館, 『二聖山城－7次發掘調査報告書』, 2000.
漢陽大學校博物館, 『二聖山城－8次發掘調査報告書』, 2000.
노중국, 「백제의 度量衡와 그 運用－척도의 변화를 중심으로」 『한국고대사연구』 40, 2005.
국립중앙박물관 · 문화재청 공동기획 특별전, 『발굴에서 전시까지』, 2007.
3) 윤선태, 「신라 하대의 量制에 관한 일시론－雁鴨池 출토 量器의 분석을 중심으로」 『신라문화』 17 · 18, 2000.
이우태, 「고대 도량형제의 발달」 『강좌한국고대사』 6, 2002.
서오선, 「백제의 도량형」 『백제의 사회경제와 과학기술』 백제문화사대계 연구총서 11, 2007.
4) 米田美代治, 『韓國上代建築の研究』, 秋田屋, 1944 ; 『韓國上代建築의 硏究』, 東山文化社, 1976, 149~170쪽.
5) 문헌에는 물론 '高麗尺'으로 나오지만, 본고에서는 후대의 高麗와 구분하기 위해 직접적인 문헌 인용을 제외하고는 모두 '高句麗尺'으로 통칭하려 한다.
6) 關野貞에서 시작된 이러한 입장은 米田美代治, 藤島亥治郎, 尹張燮의 연구로 이어졌다.
關野貞, 「高句麗の平壤及び長安城に就いて」 『史學雜誌』 39-1, 1928 ; 『朝鮮の建築と藝術』, 岩波, 1941.
藤島亥治郎, 「朝鮮建築史論 其1－5」 『建築雜誌』 44輯, 1930~1938, 530~536쪽.
尹張燮, 「韓國의 造營尺度」 『大韓建築學會論文集』, 1975.
7) 이에 대해서는 거의 대부분의 연구자들의 견해가 일치하고 있다.
8) 米田美代治, 위의 책 및 李宇泰, 「韓國古代의 尺度」 『泰東古典硏究』 1, 1984도 이에 입각하고 있다.
9) 金容雲 · 金容局, 『韓國數學史』, 悅話堂, 1977, 75~77쪽.
10) 李宗峯, 『高麗時代 度量衡制 硏究－結負制와 관련하여』, 釜山大學校 博士學位論文, 1999. 40~42쪽.

둘째로 종래 高句麗尺의 기원으로 언급된 東魏尺이 실제로는 30cm 정도이며, 이는 北魏의 後尺에 준한다는 중국측의 연구 성과에 의거하여, 고구려척이 東魏尺이 아닌 北方民族의 長尺 계열의 척도에서 기원하였다는 새로운 견해가 제기되었다.[11] 이를 통해 고구려척이 東魏尺에서 기원한 것이 아니라는 점은 명확해졌지만, 고구려척의 존재를 부정하는 견해도 있다는 점에서,[12] 고구려척은 아직도 여전히 難題로 남아 있다고 하겠다.

셋째로 신라 통일기에 사용된 29.7cm의 자를 일반적으로 唐尺의 수용으로 이해하고 있지만, 자생적인 척도로 이해하는 견해도 있다.[13] 이 견해에서는 기존에 高句麗尺 5尺 = 1步로 조영되었다고 본 삼국시대나 고대 일본의 유적들이 唐尺 6尺 = 1步를 기준척으로 해도 문제가 없다는 주장을[14] 받아들인 다음, 이를 토대로 29.7cm의 기준척을 4세기 이후부터 한국 고대사회에 널리 사용된 자생적인 척도로 이해하였다. 唐大尺類의 자는 이미 北魏의 後尺에서부터 기원하기 때문에,[15] 29.7cm의 자를 쉽게 우리의 자생적인 척도로 보기는 어려울 것으로 생각된다. 그러나 高句麗尺 5척 = 1보와 唐尺 6척 = 1보의 길이가 동일하다는 점은, 大尺類의 자를 이해하는 데 있어 반드시 유념할 필요가 있다.

이처럼 삼국의 척도제가 처음 漢尺 계열을 수용하였다는 것에는 대체로 의견이 일치하고 있지만, 그 이후의 척도 변화가 중국의 척도제를 그때 그때마다 즉각적으로 수용한 것인지에 대해서는 세심한 주의가 필요하다고 생각된다. 또한 高句麗尺도 남아 있는 관련 자료가 대부분 量田과 관련되어 있다는 점에서,[16] 그 기원보다는 한국 고대 量田制의 특징을 검토하고, 이를 실마리로 하여 高句麗尺의 성립 과정을 추론하는 것이 보다 올바른 접근 방법이라고 생각된다. 이러한 점들을 해명하기 위해 본고에서는 우선 '高句麗尺'으로 학계에 보고된 二聖山城 출토의 고대 척도에 주목하여 보았다.

### 1) 二聖山城 출토 '高句麗尺'

이성산성은 경기도 하남시의 춘궁동, 초일동, 광암동 등의 분기점이 되는 二聖山의 정상과 그 남동쪽 골짜기를 둘러싼 包谷式 山城을 말한다. 이성산성은 일찍부터 百濟의 초기 도읍지로 주목되었지만 1986년부터 시작된 이 산성에 대한 직접적인 발굴 조사를 통해, 산성 내의 건물지나 저수지 등의 유구에서 新羅의 유물만이 출토되었고, 이로 인해 이성산성은 6세기 중반 이후 신라가 한강 유역을 차지하면서 새롭게 쌓은 산성이라는 주장이 강하게 제기되었다.[17]

그런데 최근 제8차 발굴 조사단은 성벽의 切開調査를 통해 성벽이 3차에 걸쳐 축조되었고, 이 중 2차 성벽은 475년 이후 남하한 고구려에 의해 축조되었다는 새로운 견해를 내놓았다. 또 이 주장을 뒷받침하는 근거로 A지구 1차 저수지의 제21문화층에서 출토된 고구려계 토기와 C지구 저수지 제5층위에서 출토된 '高句麗尺'을 제시하였다.[18] 다음 〈그림 1〉은 8차 보고서에 실린 문제의 '高句麗尺'에 관한 도면을 그대로 轉載한 것이다.[19]

---

11) 朴贊興, 「高句麗尺에 대한 硏究」 『史叢』 44, 1995, 10~21쪽.
12) 이 견해에서는 高句麗尺의 존재를 부정하고, 26.8cm의 古韓尺이라는 척도가 唐尺이 수용되기 이전에 널리 사용되었다고 주장하였다(新井宏, 『まぼろしの古代尺－高麗尺はなかった』, 吉川弘文館, 1992).
13) 崔在錫, 「正倉院 소장의 자(尺)와 그 製作國에 대하여」 『韓國學報』 78, 1995, 136~139쪽.
14) 新井宏, 위의 책, 203~205쪽.
15) 吳　洛, 『中國度量衡史』, 商務印書館, 1981, 220~221쪽.
16) 『令集解』 卷12 田令 '凡田' 條(『新訂增補 國史大系』 23卷, 吉川弘文館, 1943, 345쪽).
17) 沈光注, 「二聖山城에 대한 硏究」, 한양대학교 사학과 석사학위논문, 1988.
18) 『이성산성 8차 보고서』, 295~296쪽.

이 자는 밝은 황갈색 나무로 만들었으며, 단면 사각형의 길다란 막대 형태를 하고 있다. 발굴 당시에 네 부분으로 부러진 채 발견되었으나, 좌측 모서리 일부를 제외하면 자의 완형을 그대로 유지하고 있다. 자의 폭은 눈금이 새겨진 부분에는 1.5cm이고, 반대쪽의 끝 부분은 1.1cm이지만, 전체적으로 균형 잡힌 모습이라고 할 수 있다. 이 자의 전체 길이는 36.1cm이지만, 눈금은 좌측의 끝에서 0.5cm 안으로 들여 시작하기 때문에, 35.6cm가 이 자의 실제 길이가 된다.

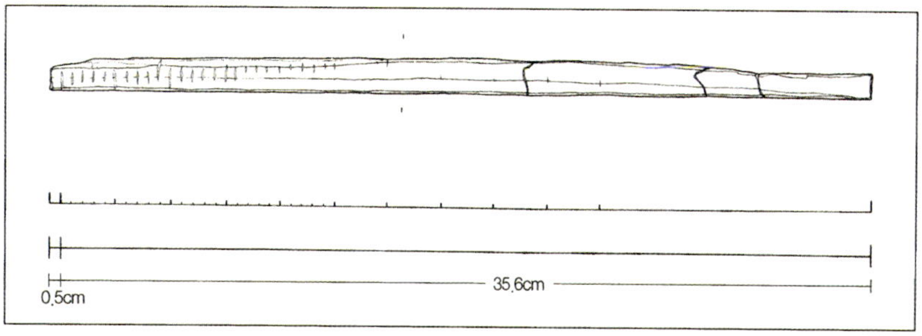

〈그림 1〉 이성산성 C지구 저수지 제5층위에서 출토된 35.6cm의 古代尺

〈그림 1〉로 알 수 있듯이, 이 자는 눈금 새김 방식을 기준으로 전체 세 구간으로 구분할 수 있다. 첫 구간은 5개의 마디(寸)로 나누어져 있고, 각 마디는 다시 5개의 작은 눈금으로 나누어져 있다. 두 번째 구간도 첫 구간과 마찬가지로 5개의 마디로 나뉘어져 있으나, 그 내부를 5개의 눈금으로 세분하지는 않았다. 마지막 세 번째 구간은 마디나 눈금 같은 특별한 표시 없이 그대로 두었다. 이를 실측하여 미터법으로 환산하면, 이 자의 한 눈금은 0.47cm, 한 마디(寸)는 2.37cm, 이 자의 전체 길이는 35.6cm가 된다.[20)]

그런데 8차 보고서에서는 이 자의 구조가 5개의 작은 눈금이 모여서 한 마디(寸)가 되고, 다섯 마디(寸)가 모여서 한 구간이 되며, 다시 세 구간을 합하면 한 자(尺)가 된다고 파악하여, 전체 35.6cm를 1尺으로 하는 '高句麗尺'이라고 명명하였다.[21)] 그러나 8차 보고서대로 이 자의 세 구간을 전부 합하면 15마디(寸)가 되기 때문에, 이를 아무런 설명 없이 1尺으로 이해하는 것은 곤란하다.[22)] 전통시대의 길이 단위인 分, 寸, 尺, 丈, 引의 五度는 십진법으로 昇降된다. 즉 10寸이 1尺이다.[23)]

그런데 8차 보고서가 이 자에 새겨진 눈금의 구조를 잘못 읽은 것은 아니다. 위 〈그림 1〉로 알 수 있듯이, 첫 구간의 1번, 6번, 11번째 눈금이 그 내의 작은 눈금보다 길게 상·하단 끝까지 새겨져 있는 것으로 보아, 다섯 개의 작은 눈금들이 하나의 단위를 구성하고 있음이 분명하다. 더욱이 두 번째 구간에는 이 단위 간격으로만 눈금이 새겨져 있다. 이 단위는 8차 보고서가 파악한대로 1寸의 길이를 표시한 것으로 이해된다. 따라서 눈금이 새겨져 있는 두 번째 구간까지가 전체 10寸이며, 이 길이는 23.7cm로서, 後漢代의 1尺에 준한다.[24)] 한편 이 자의 나머지 세 번째 구간에는 눈금이 전혀 없지만, 이 구간의 전체 길이가 정확히 5寸의 길이와 똑같다는 점에서, 이 부분도 자로 사용하기 위해 의도적으로 만든 것이 분명하다고 생각된다.

---

19) 『이성산성 8차 보고서』, 78쪽의 도면 40. 'C지구 저수지 출토 고구려척'.

20) 이 자에 대한 이상의 설명은 『이성산성 8차 보고서』, 76~78쪽의 記述을 전재한 것이다.

21) 위의 책, 78쪽.

22) 8차 보고서에는 아무런 설명없이 이 자가 전체 1척이라고만 되어 있다. 이후 이성산성 8차 발굴에 참여하였던 유태용은 『35.6의 고구려자』(2001, 서문문화사)에서 高句麗尺은 1尺 = 15寸이라며, 8차 보고서에서 설명하지 않은 부분을 새롭게 추가하였지만, 이 역시 왜 高句麗尺이 1척 = 15촌으로 환산되었는지에 대한 穿鑿이 없다.

23) 『漢書』 卷21 律曆上, '十分爲寸, 十寸爲尺, 十尺爲丈, 十丈爲引, 而五度審矣'.
吳 洛, 앞의 책, 90쪽 ; 李宇泰, 앞의 논문, 17쪽.

24) 吳 洛, 앞의 책, 65쪽.
國家計量總局主編, 『中國古代度量衡圖集』, 北京 文物出版社, 1981 ; 山田慶兒 · 淺原達郎 譯, 東京 みすず書房, 1985, 383~384쪽, '中國古代度量衡 器物一覽表' 참조 바람.

결국 이성산성의 자는 5寸마다 눈금 새김 방식을 달리하여 시각적으로 3분되도록 만들어졌다고 생각된다. 첫 번째 '1寸~5寸' 구간에는 2分(0.47cm)과 1寸(2.37cm) 단위의 자세한 눈금을, 두 번째 '6寸~10寸' 구간에는 1寸 단위의 눈금만을 새겼으며, 눈금이 새겨진 여기까지가 이 자의 1尺이 된다. 세 번째 '11寸~15寸' 구간은 눈금을 새기지 않고, 5寸의 길이가 되게 마감하였다. 따라서 이성산성에서 출토된 35.6cm의 자는 1尺짜리 尺度가 아니라, 23.7cm를 1尺으로 하는 전체 길이 1尺5寸의 자로 추정된다.

중국과 일본에서 출토된 전통시대의 자에서도 1尺5寸의 자가 확인된다. 특히 이성산성의 1척5촌 자와 재질이나 형태가 유사하고, 눈금도 간단히 새겨져 있는 木尺도 静岡縣 南沼上 川合遺蹟에서 출토된 바 있다. 이 유적의 연대는 7세기로 추정되고 있다. 아래 〈그림 2〉가 바로 이 유적에서 출토된 자의 실측도이다.[25]

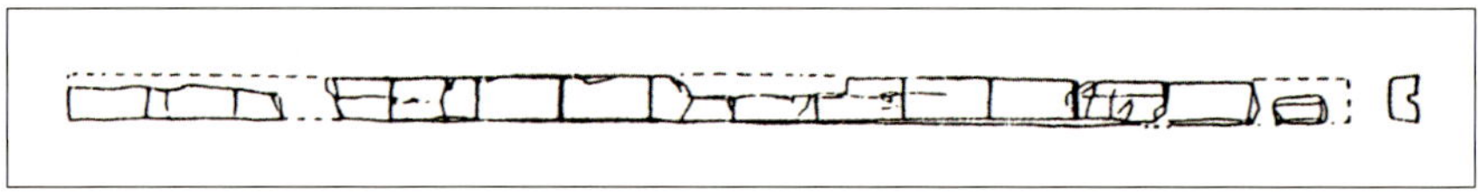

〈그림 2〉 日本 静岡縣 南沼上 川合遺跡 출토 1尺5寸 자

〈그림 2〉로 알 수 있듯이, 이 자도 이성산성의 자처럼 나무의 사면을 깎아 단면 사각형의 길다란 막대 형태로 만들어졌음을 알 수 있다. 이 자는 부분부분 파손이 심하지만 현존 상태로 볼 때, 1寸(2.94cm) 단위의 눈금이 새겨진 전체 15寸의 1尺5寸 자로 추정된다. 이 자는 형태, 재질, 제작 방법, 그리고 눈금을 간단하게 새긴 것 등이 분명 이성산성의 자와 유사하다고 생각된다.

한편 8세기 유적인 日本의 奈良縣 平城宮遺跡에서도 비록 완형은 아니지만, 1尺 이상이 분명한 자들이 많이 출토되었다. 이 중 현재 11寸 정도만 남아 있는 파손된 자는 5촌과 10촌 지점에 동그라미 두 개를 표시하여 5촌을 단위로 자를 전체 3분하고 있다는 점에서, 원형은 1척5촌의 자로 추정된다.[26]

그러면 당시 이러한 1尺5寸의 자는 어떤 용도로 제작되었던 것일까? 이와 관련하여 전통시대의 길이 단위 중 '肘'가 주목된다. 肘는 2尺 또는 1尺5寸의 길이를 말하는데, 肘의 길이가 이처럼 두 가지인 것은 肘의 길이가 고정적이지 않고 步와 연동되어 환산된 단위였기 때문이다. 즉 肘를 4배하면 1步가 된다(4肘 = 1步). 앞서 2尺을 1肘로 한 것은 周代의 8尺 = 1步制에서 말미암은 것이고, 1尺5寸을 1肘로 한 것은 그 이후의 6尺 = 1步制에서 시작되었다.[27] 이처럼 中國에서는 步制가 바뀌면서 1肘의 길이도 함께 바뀌었는데, 이는 肘의 길이가 步를 측정하는 기초 단위로 사용되었음을 의미한다. 이러한 점에서 볼 때, 이성산성이나 日本 川合遺跡, 平城宮跡에서 출토된 1尺5寸의 자들은 步를 측정하기 위해 1肘의 길이를 염두에 두고 만든 것이며, 눈금 새김이 간단한 것도 이와 관련된 것이 아닌가 추측된다. 따라서 이성산성의 자는 步를 측정하기 위해 제작된 1肘, 곧 1尺5寸의 자로 추정된다.

이 이성산성의 자는 韓國 古代 尺度의 역사적 추이를 이해하는 데에도 매우 유용한 자료라고 생각된다. 현재의 발굴 상황으로는 이 자가 高句麗의 것인지, 新羅의 것인지 확정할 수 없지만, 어느 경우라 하더라도, 이는 5세기 후반~6세기 중반의 한국 고대사회에서는 중국에서 이미 오래 전에 소멸된 後漢代의 1尺에 준하는 23.7cm를 여전히 基準尺으로 사용하고 있었음을 알게

25) 宮本佐知子, 「さし・ます・はかり」『考古學による日本歴史 9－交易と交通』, 雄山閣, 1997, 214~215쪽의 表1, 圖1 참조. 본고의 〈그림 2〉는 위 논문의 圖1에서 따온 것이다.

26) 奈良文化財硏究所, 『木器集成圖錄』 近畿・古代編 史料 第27集, 1985.
奈良文化財硏究所, 『なら平城京展 '98』 62쪽의 도판b, 1998.
李康承, 앞의 논문, 221쪽 〈도면 2〉의 ⑤ 등을 참조 바람.

27) 李宇泰, 앞의 논문, 20쪽.

해준다. 또한 이는 高句麗나 新羅가 모두 樂浪郡을 통해 들어온 漢代(정확하게는 後漢代)의 尺度制에 기초하여 자신들의 초기 尺度 체계를 완성하였고,[28] 그 체제가 상당히 오랫동안 지속되었음을 시사하고 있다.

한편 이 이성산성 출토 자의 전체 길이(35.6cm)가 소위 '高句麗尺'의 길이와 일치한다는 점도 매우 주목된다. 물론 이 자는 1尺5寸의 자이므로, 지금까지의 검토만으로는 이 자를 곧바로 '高句麗尺'으로 이해하는 것은 곤란하지만, '高句麗尺'이라는 것이 어떻게 誕生하게 되었는지를 이해할 수 있는 하나의 실마리를 제공한다고 생각된다.

## 2) 고구려척의 탄생

'高句麗尺'은 古代 日本의 律令註釋書인 『令集解』에 大寶令(701) 및 令前의 量田尺으로 기록되어 있다. 이 尺度制는 和銅格(713)에 의해 폐지될 때까지 지속되었다.[29] 이 고구려척은 1905年 일본의 法隆寺 '再建 · 非再建' 논쟁에서 非再建의 입장을 견지한 關野貞에 의해 근대 이후 재등장한다.[30] 그는 法隆寺의 창건에 당시 '高句麗尺'으로 불리어졌던 1.176曲尺(35.6cm)이 營造尺으로 사용되었다고 주장하고, 平壤城 外城에 '箕子井田'이라고 전해져오던 유적을 직접 측량하여, 이 역시 고구려척으로 만든 고구려의 도시 유적임을 확인하여, 고구려척의 실재를 立證하려 하였다.[31] 또한 그는 令集解의 고구려척을 東魏尺으로 이해한 狩谷木夜齋(1775~1835)의 견해를 받아들여,[32] 東魏尺이 고구려를 거쳐 일본에 전래되어 '고구려척'으로 불리어지게 되었다고 이해하였다.

이후 藤田元春은 北方民族이 사용하였던 長尺이 南北朝時代에 中原에 들어와서 사용되었는데, 이것이 遼東을 거쳐 동방으로 전해져 고구려척이 되었고, 서방으로 전해져 東魏尺이 되었다고 보았다.[33] 또 米田美代治와 藤島亥治郎은 고구려뿐만 아니라 백제와 신라 등 三國 전체로 東魏尺의 전파 범위가 확대 설정된다. 그들은 백제 定林寺五層石塔,[34] 신라 皇龍寺의 복원에,[35] 東魏尺을 적용하였다.[36]

그런데 이러한 연구사에서 주목되는 것은 '고구려척'이라는 척도 명칭에 각인되어 있는, '高句麗'라는 존재에 대해서는 어느 누구도 특별한 관심을 가지지 않았다는 점이다. 대체로 이들 연구에서 고구려는 단지 東魏尺이 일본으로 전파되는 길에 있었던

---

28) 米田美代治, 앞의 책, 149~170쪽.
29) 『令集解』 卷12, 田令, '凡田' 條(『新訂增補 國史大系』 23卷, 吉川弘文館, 1943, 345쪽).
30) 關野貞, 「法隆寺金堂塔婆中門非再建論」 『建築雜誌』 218, 1905.
31) 關野貞, 앞의 논문(1928) ; 『朝鮮の建築と藝術』, 岩波書店, 1941, 345~370쪽.
32) 狩谷棭齋, 『本朝度量權衡考』(冨谷至校注, 東京 現代思潮社, 1978, 35쪽).
33) 藤田元春, 『尺度綜考』, 東京 刀江書院, 1929, 53~82쪽.
34) 米田美代治, 앞의 책(1976), 107~122쪽.
35) 藤島亥治郎, 「朝鮮建築史論 其一」 『建築雜誌』 530, 1930 ; 『朝鮮建築史論』, 景仁文化史, 1969, 29~43쪽.
36) 이러한 주장은 이후 별다른 批判없이 최근까지 널리 수용되고 있다.
尹張燮, 「韓國의 造營尺度」 『大韓建築學會論文集』, 1975 ; 『韓國建築硏究』, 東明社, 1983.
尹武炳, 『金剛寺』, 國立博物館 古蹟調査報告 제7책, 1969.
文化財管理局 文化財硏究所, 『彌勒寺』 遺蹟發掘調査報告書(Ⅰ), 1989.
張慶浩, 『百濟寺刹建築』, 藝耕産業社, 1990.
朴淳發, 「百濟都城의 變遷과 特徵」 『重山鄭德基博士華甲紀念韓國史學論叢』, 1996.
忠南大學校博物館, 『扶餘官北里百濟遺蹟發掘報告(Ⅱ)』, 1999.
權鶴洙, 「黃龍寺 建物址의 營造尺 분석」 『韓國上古史學報』 31, 1999.
李炳鎬, 「百濟 泗沘都城의 造營과 區劃」, 서울大學校 大學院 國史學科 碩士學位論文, 2001.

하나의 국가에 불과하였다. 그들의 관심은 오로지 중국과 일본간의 관계뿐이었다.

그러나 이 '고구려척'이라는 명칭은 그것을 수용한 古代 日本 자신의 표현이라는 점에서, 그러한 척도제를 받아들인 일본의 주체적 계기를 이해할 수 있는 핵심 키워드라고 생각된다. 다시 말해 고구려척이 중국의 척도(예를 들어 東魏尺)인가라는 점보다는, 중국 척도제의 전파 과정이 일본의 경우 왜 고구려를 통해 이루어졌는가, 고대 일본의 척도제 성립 과정에서 고구려의 역할이 무엇이었는가를 심도있게 검토하는 것이 우선되어야 했다고 생각된다.

고대 동아시아 주변부 사회의 중국문화 수용은 반드시 중국왕조와 주변국의 관계만으로는 온전히 파악할 수 없다. 오히려 중국문화의 전파 경로나 정착 문제에 유의해 보면, 주변 민족 상호간의 관계가 상상 이상으로 큰 역할을 하고 있었다.[37] 이는 고구려척의 탄생과 그 전파 과정을 통해서도 분명히 확인할 수 있다.

『令集解』에 註釋으로 전해지고 있는 和銅格(713)을 통해, 令前·大寶令·和銅格 단계에서 古代 日本의 척도제가 어떻게 변화하였는지를 검토할 수 있다. 和銅格은 이후 고대 일본의 변하지 않는 규준이 된다. 이를 알기 쉽게 표로 나타내면, 다음과 같다.

〈표 1〉 古代 日本의 尺度의 변화

| 法令 / 條文 | 令 前 | 大 寶 令 (701년) | 和 銅 格 (713년) |
|---|---|---|---|
| 尺 度 | 量田尺 = 高句麗尺<br>6尺 = 1步, 1代 = 5步$^2$<br>50代(1段) = 250步$^2$ | 基準尺 = 唐大尺<br>量田尺 = 高句麗尺<br>5尺 = 1步, 1代 = 5步$^2$<br>1段 = 360步$^2$ | 基準尺 = 唐大尺<br>量田尺 = 唐大尺<br>6尺 = 1步, 1代 = 5步$^2$<br>1段 = 360步$^2$ |

* 비고 : 음영 비율이 같은 것은 서로 간에 面積 및 量이 같음을 표시한 것임.

고대 일본의 가장 핵심적인 量田 단위인 1代의 면적은 1束을 생산할 수 있는 면적을 기준으로 책정되었다. 그래서 1代는 흔히 '1束代'로 칭해졌다. 이러한 고대 일본의 量田制는 토지 생산량을 기준으로 한 양전 방식이며, 이는 令前에 받아들인 '高麗術' 즉 高句麗의 量田術에서 기원한다. 한편 고대 일본에서는 令前 이후 量田尺과 步尺의 환산이 매번 바뀌었지만, 수취 단위인 1段의 면적은 令前 이후 아무런 변화가 없었다. 고대 일본에서 量田尺과 步尺의 환산이 매번 바뀐 것은 令前에 실시된 量田을 그대로 유지하기 위해서였다.

그런데 고대 일본은 왜 처음부터 和銅格처럼 絹布收取를 위한 基準尺과 量田尺을 唐大尺으로 통일하지 않았던 것일까? 분명 大寶令의 척도제는 國家基準尺과 量田尺이 동일하지 않으며, 이는 일원적인 중국의 척도제와 구분되는 고대 일본의 척도제의 중요한 특징이라 할 수 있다. 이에 대해 고대 일본에서는 국가의 기준척으로 唐大尺이 수용되었지만, 令前부터 이미 量田尺으로 사용된 高句麗尺도 관행화되어 폐지할 수 없었고, 또 唐大尺과 그 1.2배인 高句麗尺을 이용하면, 小尺과 大尺의 환산이나, 度地에서 大尺 5尺을 1步로 하는 唐令의 條文을 그대로 일본의 律令으로 사용할 수 있었기 때문에, 위와 같은 대보령의 척도제 규정이 탄생하였다고 보는 견해가 있다.[38]

이 견해에서 大寶令의 이원적인 척도제를 '令前의 관행' 때문으로 이해한 점은 옳다고 생각된다. 그러나 고구려척 6尺 = 1步를

37) 李成市, 『東アジア文化圈の形成』, 山川出版社, 2000.
38) 龜田隆之, 「日本古代に於ける田租田積の硏究－度量衡制との關聯を通して」 『古代學』 4－2, 124~125쪽.

고구려척 5尺 = 1步로 바꾼 것을 단순히 唐令과 똑같은 字句를 만들기 위해 고안한 것으로 본 점에 대해서는 동의할 수 없다. 물론 大寶令의 척도제는 條文上으로는 唐令에 구애된 바 크다. 그러나 내용상으로는 絹布收取에 사용된 국가의 基準尺과 度地에 사용된 量田尺을 각각 구분하고 있다는 점에서 唐의 척도제와 분명 다르다. 더욱이 高句麗尺 5尺 = 1步制로 인해 고대 일본에서는 결과적으로 唐大尺 6尺 = 1步制라는 唐과는 전혀 다른 步尺 환산 방식이 和銅格에서 등장하였다.

唐은 大尺制의 실시와 함께, 기존의 小尺6尺 = 1步制를 大尺5尺 = 1步制로 변경한다. 이는 대척제 하에서도 기존의 量田을 그대로 재이용하기 위해 1步의 길이를 변화시키지 않으려 한 조치였다. 즉 大尺의 크기가 小尺의 1.2배이므로, 의도적으로 小尺 6尺 = 1步 = 大尺 5尺의 등식이 성립하도록 만든 것이다.[39] 따라서 大寶令의 척도제 규정을 唐令 일변도로 이해하는 것은 문제가 있다고 생각된다.

이와 관련하여 大寶令의 高句麗尺 5尺 = 1步制에 淵源을 둔 和銅格의 唐大尺 6尺 = 1步制가 신라에서도 확인되고 있다는 점이 주목된다. 신라는 文武王 5년(665) 이래 唐大尺을 營造尺으로 사용하였음에도 불구하고,[40] 步尺의 환산만은 唐과 달리 6尺 = 1步制를 사용하였다. 이러한 신라의 步尺換算은 唐과 관련된 것이 아니며, 古代 日本의 경우와 마찬가지로 唐大尺을 수용하기 이전, 新羅의 既存 尺度制와 관련된 것이라고 생각된다. 그런데 그것이 당척을 6尺 = 1步로 치환한 것이었다는 점에서 당척의 1.2배가 되는 고구려척 외에는 달리 설정할 것이 없다. 더욱이 신라의 양전제인 結負制도 그 단위인 負(짐)·束(묶음)·把(다발) 등의 語彙로 볼 때, 고대 일본의 東代制와 마찬가지로 그 起源은 토지 생산량을 기준으로 한 量田方式이었음을 알 수 있다.

이처럼 신라와 고대 일본은 '唐大尺 6尺 = 1步制'라는 특이한 步尺換算法을 同一하게 사용하였을 뿐만 아니라 양전제의 원리도 서로 일치하고 있다. 신라와 고대 일본의 척도제가 이처럼 매우 유사하게 전개되었던 이유는 무엇 때문일까? 이는 분명히 兩國 모두 高句麗尺을 量田尺으로 수용하였던 것에서 기인한다. 어쩌면 고대 일본에서 大寶令의 조항이 和銅格으로 변모한 것도 그에 앞서 이루어진 신라의 당대척 수용 과정, 즉 신라의 율령을 직접적으로 참고하여 만들어졌을 수도 있다고 생각된다.

古代 日本의 量田尺이었던 高句麗尺의 起源에 대해서는 다양한 說이 제기되어 있다. 고구려척은 東魏尺이라는 주장, 中國 山東의 量地尺에서 기원하였다는 주장 등이 일찍부터 제기되었지만, 이는 중국측 자료를 잘못 해석한 실증상에 문제가 있다는 점이 밝혀졌다. 따라서 高句麗尺의 起源으로 이제 유일하게 생각할 수 있는 곳은 高句麗 자체뿐이다. 古代 日本에서 통용되었던 '高麗尺'이라는 명칭에도 이미 이 척도가 高句麗의 自生尺임을 암시하고 있다.

이와 관련하여 앞서 검토한 경기도 二聖山城에서 高句麗尺과 길이가 같은 35.6cm의 자를 주목할 필요가 있다. 이 자는 後漢代의 1尺에 준하는 23.7cm를 基準尺으로 하여 제작된 1尺5寸의 자로 추정된다. 이것이 고구려척인지는 알 수 없지만, 고구려척이 애초 후한척을 변용한 것이었을 가능성을 강하게 암시하고 있다.

고구려나 신라는 '律令頒布'로 알 수 있듯이, 당시 적극적으로 中國文化를 수용하였다. 그러나 이들 주변 국가의 중국문화 수용은 선별적이었으며, 자신들의 기존 체제를 유지·보존하는 방향에서 중심과 차별화된 부문이 적지 않았다. 특히 尺度制는 收取制와 직결되어 있다는 점에서, 중국과 흐름을 달리하는 제도적 차별화가 한층 분명한 부문이었다.

그렇지만 고구려의 척도제 역시 그 길이가 후한척과 일정한 상관관계가 있다는 점에서 중심 세계의 척도제와 완전히 무관하게 전개된 것은 아니라고 생각된다. 이는 주변국가가 중국문화를 주체적 계기에 의해 수용하였다고 하더라도, 거기에는 엄연히

---

39) 이 이후 중국에서는 5尺 = 1步制가 계속 유지된다(吳洛, 『中國度量衡史』 商務印書館, 1937, 95쪽).

40) 이 해에 신라에서는 絹布의 폭과 길이를 조정하였는데, 이는 국가기준척의 변화로 이해할 수 있다(李宗峯, 「高麗時代 度量衡制 硏究-結負制와 관련하여」, 釜山大學校 大學院 史學科 博士學位論文, 1999, 31~32쪽 ; 尹善泰, 앞의 논문, 2002, 56~57쪽).

국제적, 보편적 계기가 전제 · 작용하고 있었기 때문이다. 앞서 살펴보았지만 新羅나 古代 日本이 8세기를 전후하여 唐大尺을 수용하였던 것은 그 대표적 예라고 할 수 있으며, 그것이 바로 당시에 중국과 주변 국가를 아우르는 '고대동아시아세계'를 상정할 수 있는 문화적 기초였다고 생각된다. 高句麗尺의 탄생과 소멸 과정 역시 이 두 가지 측면을 동시에 갖고 있다.

고구려척은 어떻게 탄생된 것일까? 이와 관련하여 고구려척을 직접 사용하였던 신라와 고대 일본의 경우에 주목할 필요가 있다. 앞서 언급하였지만, 이 두 나라는 고구려척을 量田尺으로 받아들였는데, 모두 토지 생산량에 기초한 양전제를 연원으로 하고 있었다. 이 경우 고구려의 양전 방식이 토지 생산량에 기초한 양전제였을 가능성을 일차적으로 고려할 필요가 있다. 고구려가 중국의 律令制를 받아들이면서도 量田을 비롯한 척도제만은 재래의 생산량을 기준으로 했던 관행에 의거하여 주체적으로 변용하였던 것은 아닐까! 고구려척을 사용한 신라와 고대 일본의 공통적 기반으로 볼 때, 무리한 판단은 아니라고 생각된다.

한편 백제의 척도제나 그 변천과정은 고구려 · 신라와 대체로 동일한 것으로 이해되고 있지만, 실제 출토된 백제의 척도제 유물로 볼 때, 백제는 고구려척을 사용하지 않았던 것으로 추정된다. 이제 이 점을 살펴보도록 하자.

### 3) 백제의 척도제와 '고구려척문화권'

사비기에 들어와 백제고분에서는 고도의 정형화와 규격성이 광범위한 지역에서 확인된다.[41] 이로 인해 고분의 축조에 공통적으로 25cm 정도의 營造尺이 사용되었다는 주장이 제기되었다. 그는 이 영조척이 중국 남조의 척도로, 웅진기에 백제와 梁의 긴밀한 관계를 통해 수용되었을 것으로 파악하였다.[42] 웅진 · 사비기에 백제가 남조문화에 경도되어 있었다는 것은 일찍부터 다양한 부문에서 제기되어 왔고, 24~25cm의 자 역시 실제로 梁을 비롯한 남조에서 사용된 척도라는 점에서, 이러한 주장은 깊이 숙고할 필요가 있다.

또 백제 유적으로부터 다양한 기준척 후보들을 1차, 2차에 걸쳐 추출한 연구도 있다. 이 연구자는 한국고대 유적의 영조척을 검토하는 가운데 백제의 고분과 寺址도 다루었는데, 백제 유적의 영조척 후보들 중 하나로 24.5~25cm 정도의 척도를 2차 후보로까지 제시하고 있다.[43] 고구려와 신라는 어떠한 유적에서도 이러한 척도가 1차 후보로도 제시되지 않았다.

필자는 이러한 최근의 연구들을 참고로 하여, 백제 후기의 영조척을 고구려척으로 이해했던 기존의 견해를 재검토 해보려고 한다. 특히 최근 부여 쌍북리유적과 관북리유적에서 출토된 백제자는 웅진 · 사비기 백제 척도제의 추이와 그 특징을 이해하는 데 큰 도움이 된다. 특히 관북리유적 출토 백제자는 아직도 학계에 널리 알려져 있지 않다.

충남대학교 박물관이 발굴한 부여 쌍북리유적에서는 완형은 아니지만, 백제시대의 자(尺) 단편이 하나 발견되었다. 이 자는 부여 錦城山의 북쪽 경사면이 끝나는 지점인, 쌍북리 102

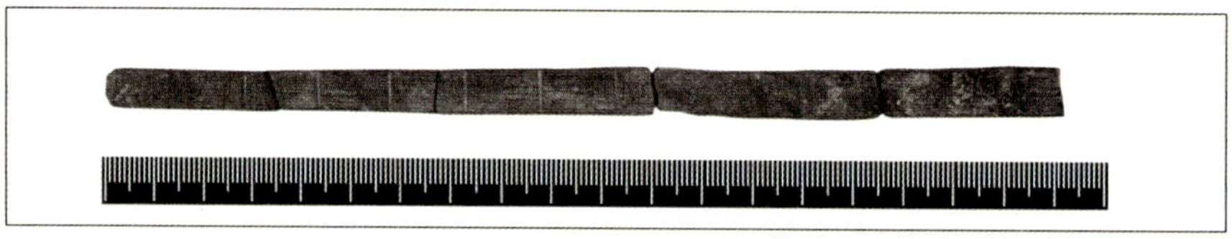

〈그림 3〉 부여 쌍북리 출토 백제자 단편과 눈금 세부 길이

41) 山本孝文, 「百濟 泗沘期 石室墳과 政治·社會相 硏究」 忠南大學校 大學院 考古學科 碩士學位論文, 2001.
山本孝文, 「百濟 泗沘期 石室墳의 階層性과 政治制度」 『韓國考古學報』 47, 2002, 101~114쪽.

42) 송산리 6호분은 후벽 9尺반, 측벽 16尺으로, 무령왕릉은 후벽 11尺, 측벽 17尺으로 축조되었다고 한다(山本孝文, 앞의 논문, 2001, 70쪽).

43) 新井宏, 『まぼろしの古代尺―高麗尺はなかった』, 吉川弘文館, 1992, 23~47쪽.

번지 일대의 저지성 습지에서 출토되었다. 자가 출토된 백제문화층에서는 이 외에도 목간 및 상자 형태의 됫박, 그리고 기와, 경질의 백제토기편들이 많이 출토되었다.

자를 비롯한 백제시대의 목제품들은 발견상태로 보아 급류에 휩쓸려 윗쪽 지역에서 흘러 내려와 퇴적된 것으로 추정된다. 따라서 금성산 북쪽 기슭에 자와 됫박, 목간 등을 사용했던 백제시대의 중요한 관아시설이 있었을 것으로 판단된다. 발굴자는 이 백제자의 사용 연대를 대체로 7세기 초반으로 추정하고 있다.

이 백제자는 〈그림 3〉으로 알 수 있듯이, 한쪽만 완형을 유지하고 있고, 그 반대쪽은 파손되어 전체 길이를 알 수 없다. 이 자는 단면이 사각형인 길다란 막대 형태로 만들어졌으며, 현존 길이는 19.20cm이다. 한편 자의 눈금은 장방형 단면의 넓은 면에 새겼는데, 완형을 유지하고 있는 쪽을 기준으로 하여 첫 번째 눈금까지는 2.90cm이며, 그 다음 눈금들의 간격은 차이가 있지만 대체로 1.45cm 내지 1.50cm 정도이다. 이러한 눈금 간격으로 인해, 보고자는 이 자를 당척(唐尺 혹은 唐大尺)의 단편으로 추정하였다.

이 경우 첫 번째 눈금은 당척의 1촌(寸), 그 다음 눈금들은 모두 5푼(分) 간격으로 새긴 것이 된다. 따라서 이 자는 6촌5푼 정도만 남아 있다고 할 수 있다.[44] 이 자는 완형이 아니어서 전체 길이는 알 수 없지만, 자의 폭이 0.8~1.0cm 정도로 좁기 때문에, 1척(尺)보다 길어지면 부러질 소지가 크다. 따라서 실용적인 측면에서 볼 때, 이 백제자는 원래 모습이 1척짜리 자였을 것으로 추정된다.

당척 또는 당대척(29.5~29.7cm)은 당이 기존의 척도(1尺 = 24.6~24.8cm)를 1.2배하여 새롭게 만든 척도다. 이로 인해 당에서는 기존의 척도를 小尺, 새로운 척도를 大尺으로 명명하였다. 물론 이 대척은 당보다 앞서 남북조를 통일한 隋의 文帝 때에 이미 국가 기준척(소위 開皇尺)으로 확정된 바 있지만, 곧이어 煬帝 때 다시 기존의 소척으로 기준척이 환원되는 등, 隋代는 대척제 성립의 과도기로 변동이 심하였다. 따라서 唐大尺은 그 이름 그대로 唐代에 이르러 국가의 기준척으로 확정된 척도라고 말할 수 있다.[45]

앞서 검토한 쌍북리유적에서 출토된 백제자로 볼 때, 백제에서도 사비기의 어느 시점에 당대척을 수용하여, 척도제의 일대 개혁을 단행하였던 것으로 추정된다. 백제는 武王 22년(621) 이후 당에 해마다 사절을 파견하였고, 義慈王 11년(651)을 기점으로 하여 당과의 관계가 악화되었기 때문에,[46] 백제가 당대척을 수용한 시점은 이 사이 기간을 상정하는 것이 합리적이다. 이를 좀더 좁혀 본다면, 의자왕대보다는 隋唐의 등장이라는 중국의 새로운 변화에 능동적으로 대처했던, 621년 이후의 무왕대에 백제에서 당대척을 수용하여 척도제의 일대 개혁을 단행하였을 가능성이 높다고 생각된다.

그런데 이와 관련하여 주목되는 것은 앞서 살펴보았지만 당시 당과 매우 친밀했던 신라의 경우에는, 오히려 백제보다 늦은 문무왕(文武王) 5년(665)에 가서야 비로소 당대척이 국가의 새로운 기준척으로 자리잡았다는 점이다. 백제의 당대척 수용이 신라보다 더 빨랐다는 사실은 사비기의 백제 척도제를 이해하는 데 있어, 반드시 유념해야 될 대목이라고 생각된다. 도량형제는 수취제, 즉 세금과 직결된 국가적인 표준이기 때문에 제도 개혁이 간단치 않다. 중국에서 대척제가 확립되는 과정에, 소척제와 대척제가 번갈아 갈마드는 수대의 과도기가 있었던 것도 이를 잘 말해 준다. 그런데도 백제의 당대척 수용이 중국에서 대척제가 확립되는 시점과 거의 시차없이 순조롭게 진행되었다는 것은 무엇을 의미하는 것일까?

---

44) 지금까지 본고에서 기술한 쌍북리유적 출토 백제자의 사진, 출토 상황에 대한 설명은 李康承, 앞의 논문, 207~211쪽에 의거한 것이다.
45) 吳洛, 앞의 책, 220~221쪽.
46) 『舊唐書』 卷199上, 列傳149上, 百濟.

이 점을 신라의 당대척 수용 과정과 비교하면서 이해하여 보도록 하자. 신라에서는 당대척을 수용하기 이전에, 고구려의 척도제를 받아들여 絹布收取의 국가 기준척으로는 後漢尺을, 영조척과 양전척으로는 고구려척을 사용하는 이원적인 척도제를 실시하고 있었다. 이로 인해 신라는 당과의 관계가 긴밀해지고 당의 율령이 신라의 율령에 영향을 미치고 있는 상황에서도 당대척의 수용만은 지체되었다. 당대척은 소척을 기초로 하여 탄생한 척도제이기 때문에 소척이 사용되지 않았던 신라로서는 당대척을 수용하는 과정에서 기존의 국가적 표준과 갈등이 일어날 소지가 컸다. 당에서도 새로운 대척제는 기존의 소척제에 입각한 표준들을 수용하면서 자리잡아갔기 때문이다.

예를 들어 당에서는 대척이 기준척이 된 이후에도, 당 이전에 소척에 입각해 짜놓은 토지 측량의 중요한 표준들이 계속 유지된다. 대척제 하의 당에서는 당대척 5척 = 1보제(기존에는 소척 6척 = 1보제)라는 새로운 步尺換算法이 시행되었는데, 이는 토지 측량의 기준이 되는 기존의 1步(소척 6척 = 당대척 5척) 길이를 유지하기 위한 조치였다. 이로 인해 당에서는 대척체 하에서도 새로운 토지 측량 없이 소척으로 측량된 토지 면적이 그대로 유효하였다. 즉 당의 대척제는 기존의 소척제를 수용하는 선에서 이루어진 개혁이었다.

한편 신라에서는 665년 이후 당대척으로 척도제를 일원화하였지만, 기존의 1步를 그대로 유지하기 위해 당대척 6척 = 1보(= 고구려척 5척)라는 당과는 완전히 다른 보척환산법을 시행하였다. 이 역시 고구려척에 의거해 짜놓은 신라의 기존 표준들 때문이라고 생각되며, 신라에서 당척제로의 전환이 지연된 원인도 이 때문이라고 추론된다. 결국 665년 이후 신라가 당대척을 수용하였다고 하더라도, 이때의 신라 척도제는 당의 척도제라기보다는 신라의 기존 척도제에 기초한 당척제로의 전환이라고 말하는 것이 옳다고 생각된다.[47)]

이러한 점에서 본다면, 백제의 당대척 수용이 중국에서 대척제가 확립되는 시점과 거의 시차없이 순조롭게 진행되었다는 것은, 무왕 22년 이전의 백제 척도제가 이미 중국의 남조 척도제, 즉 소척에 기초하고 있었을 가능성을 강하게 암시하고 있다. 이는 관북리유적에서 출토된 백제자를 통해 사실로 확인되었다.

지난 2002년 충남 부여 관북리유적의 蓮池에서는 목간과 함께 대나무편이 발굴되었다. 관북리 목간과 달리 이 대나무편의 용도에 대해서는 학계에 제대로 소개되지 않았다. 〈그림 4〉로 알 수 있듯이, 이 대나무 자는 잔존 길이 10cm, 너비 1.6cm, 두께 0.3cm이며, 완형이 아닌 단편이나, 눈금의 간격이 각각 2.5cm, 2.4cm, 2.6cm 여서 평균치로 따지면 2.5cm가 돼, 완형일 경우 중국의 南朝尺과 같은 25cm 정도의 크기로 복원이 가능하다. 이러한 눈금 간격으로 볼 때, 이 자는 웅진~사비기 전반에 사용되었던 백제의 자로 추정된다.[48)]

〈그림 4〉 부여 관북리 출토 백제자 단편과 눈금 세부 길이

이 백제자로 볼 때, 백제는 한성기에는 낙랑·대방군으로부터 들어온 23.7cm의 후한척을 사용하였고, 이어 웅진~사비기 전반에는 중국남조와의 긴밀한 교류 속에서 24~25cm

47) 이상 신라의 당대척 수용 과정에 대해서는 尹善泰, 앞의 논문, 2002, 51~58쪽을 참조 바람.
48) ≪문화일보≫ '2002년 부여 관북리서 발굴된 대나무 자(尺), 중국 남조척 가능성 학계 주목'(2005년 9월 27일자 기사). 이하 관북리 백제자에 대한 필자의 설명은 이 기사를 참조하였다.

정도의 남조척(소척)으로 변경하였다가, 사비기 후반인 무왕대에 이르러 29.7cm의 당대척을 받아들였다고 생각된다. 따라서 백제의 척도제는 중국의 척도제와 거의 시차없이 동일한 변화를 겪었다고 할 수 있다. 이는 고구려·신라의 척도제와는 질적으로 다른 모습을 보여준다.

고구려·신라는 초기에 후한척을 수용한 이후, 오랫동안 이 척도를 국가의 기준척으로 사용하였다. 이후 고구려에서는 절대면적에 기초한 중국의 量田制와는 다른, '수확량[生産量]'에 기초한 양전 방식을 채택하였고, 이로 인해 후한척의 1.5배[1肘]를 1척으로 하는 35.6cm의 고구려척이 고구려의 양전척으로 탄생하게 된다. 이는 고구려척을 양전척으로 수용한 신라와 고대 일본의 양전제가 모두 그 淵源이 수확량에 기초한 양전 방식이었다는 점, 또 이들 양국이 모두 이원적인 척도제를 실시하고 있었던 것으로 잘 알 수 있다.[49]

고구려척은 해당 국가의 양전제와 밀접히 연관되면서, 고구려를 떠나 고대동아시아 각 국으로 전파되었고, 중국의 일원적인 척도제와 구분되는 '高句麗尺文化圈'을 탄생시켰다. 물론 이러한 이원적인 척도제는 수당제국이 등장하고, 이들의 힘이 군사력과 율령을 매개로 동아시아 전역으로 확대되면서, 고구려척 문화권은 서서히 소멸되고, 결국 동아시아는 모두 당대척으로 척도제가 일원화된다. 그러나 신라와 고대 일본의 당대척 일원화 과정이 당과 달리 대척 6척＝1보제로 귀결된 것은 고구려척 문화권의 遺制이며, 이는 일원화 이후 양국 척도제의 변화에 계속해서 영향을 미치게 된다.

高句麗와 百濟는 둘 다 樂浪·帶方郡을 통해 비슷한 시기에 중국문화를 받아들였지만, 律令의 수용과 변용 과정에 큰 차이가 난다. 이는 尺度制에서도 확연히 드러난다. 백제는 출토된 자(尺)들로 볼 때, 중국과 큰 차이 없이 後漢尺, 南朝尺, 唐尺을 차례대로 수용하여 그대로 사용하였음을 알 수 있다.[50] 이는 신라와 고대 일본이 중국의 척도제가 아니라 오히려 주변부에서 만들어낸 고구려척을 수용해, 量田制의 기능과 그 필요성을 인식하였던 것과는 완전히 다르다.

기존에 백제를 고구려척 문화권에 포함시킨 것은 자료적으로 뒷받침된 것이 아니다. 오히려 근대적 국경과 문화권을 고대의 한반도에 그대로 투영시킨 자의적인 설정이라고 생각된다. 백제의 척도제 역시 고구려척 문화권과 함께 주변부가 중심의 문화를 수용해 가는 다양한 패턴을 이해하는 데 큰 도움이 된다.

고대 동아시아 세계의 형성에 있어 高句麗尺文化圈은 어떠한 의미를 가지며, 어떠한 역할을 수행하였던 것일까? 고구려척 문화권은 단순히 고구려척이 탄생하고, 전파·수용된 國家群을 의미하지 않는다. 고구려척 문화권은 고대 동아시아 세계가 어떻게 소통하고, 어떻게 형성되었는가를 보다 구체적으로 보여주는 프리즘(prism)이다. 고구려척 문화권은 고대 동아시아 세계가 중심문화 一色이 아니라 주변부에 의해 변용된 다양한 색깔의 문화를 내포한 時空間임을 알려준다. 또한 세계의 형성에 중심부보다는 주변부인 고구려가 오히려 능동적인 역할을 수행하였음도 알려 준다.

고구려는 지정학적으로 중국문화 수용의 최전선에 위치하며, 다른 어떤 지역보다도 가장 일찍부터 중심 세계와 접촉하였다. 이로 인해 보다 후발적인 신라나 고대 일본에게는 중국문화 이해의 통로로서 중요한 의미를 가진다. 신라와 고대 일본은 직접 중심 문화를 수용 번안한 것이 아니라, 이미 중심 문화를 번안해 자기화한 고구려문화를 수용하고 또 그것을 이차 변용하는 방법으로 중심 문화와 소통하였다.

고구려문화에는 중국문화의 주체적인 변용과 그 정착 과정이 농축되어 있기 때문에, 이를 중심 세계과 비교하면, 후진적 단층이 확연히 드러난다. 그러나 이러한 단층은 고구려가 내적으로 체제의 보존과 유지를 위해 주체적으로 실험한 결과물이라는

49) 尹善泰, 앞의 논문, 2002, 42~58쪽.
50) 尹善泰, 『목간이 들려주는 백제이야기』, 주류성, 2007, 180~190쪽.

점에서, 후발 주변 나라에게는 오히려 중심 문화를 안정적으로, 압축적으로 받아들일 수 있는 토대로 작용하게 된다. 즉 짧은 시간 내에 주변부가 중심 문화를 소화하면서, 후진적 단층과 문화적 낙차를 극복하게 된다. 이는 고대 동아시아 문화의 보편성 창출로 이어진다.

7~8세기에 들어와 신라와 고대 일본이 唐大尺으로 척도제를 일원화하고, 唐의 律令體制에 접근할 수 있었던 것도 일차적으로 이러한 高句麗尺文化圈 속에서, 비록 변용 번안된 형태로나마 중심 문화와 소통하였던 경험이 주요하였다고 생각된다. 결국 고구려가 경험하고 응축해 놓은 문화적 斷層은 후발 주변부가 중심 세계에 다가가는 손쉬운 계단이었다.

## 3. 고대의 양제

量制는 收取制와 밀접히 관련되어 있기 때문에, 이에 대한 연구는 당시의 농업 생산력 등 한국 고대 사회경제사의 제 측면을 이해하는 출발이라고 할 수 있다. 이러한 중요성으로 인해, 관련 자료는 부족하지만 한국 고대의 양제 역시 그동안 활발히 연구되었고, 상당한 연구 성과가 축적되어 있다. 특히 신라의 경우에는 자료가 많이 남아있어, 一升의 체적이나 양제의 변화 시점에 대해 다양한 견해가 제기되어 있다.

첫째, 조선 세종대의 1升이 597.6㎖이고, 이것이 王莽升(199.19㎖)의 3배인 점에 주목하여, 신라 통일 이전에 왕망승이 도입되어 사용되다가, 문무왕대에 唐의 영향으로 1승이 3배로 확대된 뒤, 조선 세종대까지 변화 없이 유지되었다고 이해한 견해가 있다.[51)]

둘째, 「新羅祿俸文書(正倉院所藏佐波理加盤附屬文書의 앞면)」에 의거하여 신라는 처음에 1石 = 20斗制였다가 羅末麗初 이후 1석 = 15두제로 바뀌었고, 이때 이후 기존에 1승으로 사용되었던 왕망승이 1.5배와 2배로 확대되어, 精穀升은 298.79㎖, 皮穀升은 398.38㎖로 변화하였다는 견해가 제기되었다.[52)]

셋째, 『隋書』의 고구려 수취제도에 보이는 고구려의 양제에 의거하여, 신라는 처음 고구려의 영향을 받아 1석 = 10두제였다가, 통일 이후 1석 = 20두제로 바뀌었으며, 1승의 체적은 통일 이전이나 이후 모두 왕망승에 준하는 200㎖였다는 견해가 제기되었다. 이 연구에서는 나말여초 시기에 양제가 1석 15두제로 새롭게 변하게 되면서, 1승의 체적이 300㎖로 확대되었다고 이해하고 있다.[53)]

넷째, 「新羅祿俸文書」 외 「崇福寺碑文」의 양제 관련 細註를 활용하여, 신라에서는 1석 = 15두제와 1석 = 20두제가 병행하였고, 나말여초의 어느 시점에 1석 15두제로 통합되어 고려시대 내내 유지되다가, 이후 조선 초기에 이르러 제도적으로 사라졌던 1석 20두제가 다시 부활하였던 것으로 이해하고 있다. 이 연구에서는 고려 정종 이전의 1승은 왕망승에 준하는 200㎖였으나, 그 이후 1승이 343㎖로 확대되었다고 보고 있다.[54)]

---

51) 朴興秀, 「李朝尺度에 관한 硏究」 『大東文化硏究』 4, 1967 ; 『度量衡과 國樂論叢』, 朴興秀博士華甲紀念論文集刊行會, 1980.
52) 呂恩暎, 「高麗時代의 量制」 『慶尙史學』 3, 1987.
53) 李宇泰, 「韓國 古代의 量制」 『泰東古典硏究』 10, 1993.
54) 李宗峯, 앞의 논문, 1999.

이처럼 기존의 연구들은 王莽升이 신라에 도입되었다는 것에 대해서는 대체로 의견이 일치하고 있지만, 신라의 양제 변화나 1승의 체적에 대해서는 각양각색이라고 할 정도로 이견이 심하다. 이는 기본적으로 신라의 양제 관련 자료가 부족하기 때문이지만, 신라의 1승을 추정하는 기본적인 준거가 중국과 고려의 양제에 있었기 때문이라고 생각된다. 더욱이 중국은 양제 관련 자료나 유물이 많이 남아 있지만, 고려의 1승을 추정하는 데 있어 중요한 기준이 되는 宋의 양제 부분만은 공백으로 남아 있기 때문에, 고려의 1승을 환산하는 방식이 연구자마다 다양하게 나타날 수밖에 없었다.[55]

이러한 문제를 극복하기 위해서는 무엇보다도 신라 당대의 양제 관련 자료들을 확대할 필요가 있다. 이에 필자는 양제와 밀접히 관련되어 있는 '新羅土器'에 주목하여 보았다. 신라토기는 그 器型이 매우 다양하지만, 동일 기형에 있어 부피는 일정한 정형성을 갖고 있다. 요즘도 옹기를 만드는 사람들은 옹기의 크기를 '한 말들이'니 '한 섬들이'로 표현한다고 한다. 이 점 신라 토기에서도 예외는 아니라고 생각된다. 토기는 기본적으로 액체나 곡식을 담기 위해 만든 것이기 때문에, 토기의 크기는 당대인들의 체적 관념과 일정한 함수 관계에 있으며, 이 관념은 결국 자기 시대의 國家的 量制와 일차적으로 조응한다고 생각된다.

신라토기가 갖고 있는 정형성을 추적하는 가운데, 필자는 신라 하대에 만들어진 雁鴨池 출토의 大甁과 大瓮에 量制 관련 銘文이 기록되어 있는 것을 확인하게 되었다. 이는 신라토기의 정형성을 구체적으로 증명할 수 있는 준거가 될 수 있다는 점에서 매우 중요한 指標的 遺物이라고 할 수 있다. 이에 필자는 이 토기들을 '量器'라고 감히 명명하여 보았다.

본고에서는 우선 안압지 출토 量器들의 명문과 그 체적을 일차적으로 분석하여 보았다. 이러한 작업을 통해 얻은 數値를 기준으로, 안압지 출토 대옹과 유사한 기형인 익산 彌勒寺址 출토의 신라 대옹들의 체적을 조사하여 보았다. 이를 통해 미륵사지 출토 대옹들에 일정한 정형성이 있음을 확인할 수 있었다.

### 1) 雁鴨池 출토 量器의 분석

#### (1) '四斗五刀'銘 大甁

'四斗五刀'銘 大甁(유물번호 雁922)은 『雁鴨池發掘調査報告書』에 소개되어 있지 않다. 구연부와 동체 일부가 파손된 것을 후에 복원한 것으로, 高敬姬의 연구를 통해 학계에 처음으로 소개되었다.[56]

이 토기는 平底大甁으로 가장 넓게 팽만한 상복부에서 유연한 곡선으로 저부를 향해 줄어들고 있어, 목과 구연부의 나팔 모양으로 외연되는 廣口 부문만 없으면 고려청자 梅甁의 기형과 같은 형태라고 할 수 있다. 이로 인해 '매병형토기'라고 불리어지기도 한다.[57] 이 병의 소성 연대는 정확하지 않지만, 대체로 고려토기로 넘어가기 직전 단계, 신라 최말기의 토기로 추정되고 있다.

그런데 이 대병의 外底面에 縱으로 "四斗五刀"의 명문이 음각되어 있어 주목된다.[58] 이 명문은 그것이 기록된 大甁의 체적을 적어 놓은 것이라고 생각된다. 토기는 기본적으로 액체나 곡식을 담기 위해 만든 것이기 때문에, 필요에 따라서는 일정한 양을 담기 위해 그 체적에 알맞은 토기를 의도적으로 제작하였을 가능성도 충분히 있다. 이와 관련하여 興輪寺址(현 경주공고)에서 출토된 토기편에 '甁一斗'가 기록되어 있는 점이 주목된다.[59] 이 명문 역시 '四斗五刀'의 명문과 마찬가지로 소성 전에 음각한

55) 이와 관련된 고려의 자료와 1승의 환산 방식에 대해서는 呂恩暎, 앞의 논문과 李宗峯, 앞의 논문을 참고 바람.

56) 高敬姬, 「新羅 月池 出土 在銘遺物에 對한 銘文 硏究」, 東亞大學校 大學院 史學科 碩士學位論文, 1993, 27~28쪽.

57) 國立中央博物館, 『안압지-출토유물특별전』, 1980, 155쪽.

58) 윤선태, 앞의 논문, 2000, 185~186쪽.

것이다. 아마도 토기 장인들은 소성 과정에서의 토기의 체적 변화를 경험적으로 터득하고 있었기 때문에, 처음부터 자신이 의도하는 크기의 토기를 생산하는 것도 가능하였을 것으로 생각된다.

필자는 이 大瓶의 실제 체적을 직접 구하여 보았다. 이 대병의 구연부 끝까지의 체적은 대략 16리터였다.[60] 이 토기는 목 부분이 길기 때문에 명문의 '4斗5刀'라는 수치는 직접 눈으로 확인할 수 있는 대병의 상단까지의 체적을 의미할 가능성이 높다. 한편 명문의 '4斗5刀'는 '45刀(升)'로 환산할 수 있다.[61] 따라서 당시의 1刀(升)는 대체로 350㎖ 내외였다고 할 수 있겠다. 이 대병의 소성 연대는 정확히 알 수 없지만, 기존의 견해대로 신라 하대나 늦어도 나말여초의 것으로는 충분히 볼 수 있다고 생각된다.

그렇다면 신라 하대의 1升은 정말 350㎖ 내외였던 것일까? 이러한 수치를 얻고 보니, 기존의 연구에서 고려 정종 이후 1승의 체적이 343㎖ 였다는 견해가 주목된다. 이 연구에서는 고려의 정종대를 양제 변화의 기점으로 잡고 있지만, 필자가 얻은 수치가 틀리지 않았다면, 1승의 체적을 343㎖ 또는 350㎖ 내외로 한 양제는 이미 신라 하대에 실시되고 있었다고 할 수 있다.

그러나 이 '四斗五刀'銘 대병의 소성 과정에서 장인이 처음 의도한 바와 달라졌을 오차나, 대병의 복원 과정에서 내부에 뭔가가 덧붙여졌을 가능성도 존재할 수 있기 때문에, 이 하나의 명문만으로 신라 하대의 1升이 350㎖ 내외였다고 단정하는 것은 문제가 있다고 생각된다. 이제 이를 보완하기 위해 신라 하대의 다른 토기들을 좀 더 살펴보도록 하자.

### (2) '十石入瓮'銘 大瓮

'十石入瓮'銘 大瓮(유물번호 雁1257)은 앞서 검토한 대병과 마찬가지로 발굴시에 여러 파편으로 수습되어 후에 복원한 것이다.[62] 현재 국립경주박물관 안압지 별관에 전시되어 있다. 이 토기는 안압지 출토 용기류 중 가장 큰 최대형이며, 기벽이 매우 두터운 회흑색 경질 토기다. 아가리가 넓고 기벽은 어깨부분에서 완만한 곡선으로 하부로 향하며 저부는 첨저형이다. 토기의 목과 동체 경계부에 돌대가 돌려져 있고, 동체 최대경의 약간 윗 부분에도 굵은 돌대가 4조 등간격으로 돌려져 있다. 이 토기는 저부가 첨저형인 것으로 보아 아마도 땅에 묻고 사용한 것으로 추정된다.

〈그림 5〉 안압지 출토 '十石入瓮'銘 大瓮

그런데 〈그림 5〉처럼 이 대옹의 목 부분 돌대 바로 아래부터 縱으로 소성 전에 음각한 명문이 있다. 필자와 이우태 교수의 최근 연구를 통해 이 명문이 '十石入瓮', 즉 '열 섬들이' 옹임이 밝혀졌다. 특히 石은 가로획 '一'을 쓰지 않은 글자, 즉 신라에서 量制의 石에만 사용한 신라의 俗子로 되어 있다. 신라에서는 돌을 뜻하는 石과 量制에서 사용하는 石의 글자를 달리하여 명확히 구분하였다. 고려 초기의 문서인 「淨兜寺五層石塔造成形止記」에도 그대로 계승되어 여기에도 '돌 石'과 '量制의 石'이 명확하게 구분되어 있다.[63] 최근 함안 성산산성에서 발견된 6세기 중후반의 신라 목간에서도 이 글자를 量制

59) 이 瓶片은 국립경주박물관 '이 달의 유물(2000. 8.)'에 출품 전시된 유물이다.

60) 이 大瓶의 열람과 부피 측정에 도움을 준 국립중앙박물관의 오영찬, 이병호 학예관께 감사드린다.

61) 비록 升이 아니라 '刀'라고 기록하였지만, 이 刀는 升과 동일하며, 1斗 = 10刀(升)로 환산할 수 있다고 생각된다(李宇泰, 앞의 논문, 4~8쪽).

62) 高敬姬, 앞의 논문, 26쪽.

63) 河日植, 「昌寧 仁陽寺碑文의 硏究」 『韓國史硏究』 95, 1996, 27~28쪽.

의 石으로 사용하고 있어,[64] 그 연원이 상당히 오래된 것임을 알 수 있다. 신라에서는 중국의 양제를 받아들이면서도, '石', '刀(升)'와 같이 量制에 사용하는 각 단위 명칭이나 글자에 신라적인 요소를 어느 정도 담아내고 있었다고 할 수 있다.

이 '十石入瓮'銘 대옹에는 그 내부에 복원에 사용된 재료들이 많이 채워져 있었을 뿐만 아니라, 너무나 커서 체적을 직접 확인하기가 매우 곤란하였다. 이에 필자는 '토기(평저토기 호옹류)의 체적을 구하는 프로그램'을 이용하여 이 대옹의 대략적인 체적을 구해보았다.[65] 그런데 이 프로그램은 평저토기에만 적용되는 것이기 때문에, '十石入瓮'銘 대옹처럼 첨저형인 경우에는 임의의 평저 부분을 설정할 필요가 있다. 이에 필자는 오차를 최소한으로 줄이기 위해 가장 저점의 폭 15cm 부분을 임의의 평저 부분으로 설정하고 이를 기준으로 하여 토기의 높이 및 최대경의 높이를 산출하였다. 그 결과 대옹의 목지름 58cm, 동체의 최대경 111cm, 저경 15cm, 높이 147cm, 목높이 27cm, 저부에서 최대경까지의 높이 80cm를 이 프로그램에 대입하면,[66] 대옹의 체적은 520.8리터가 된다.

이 수치는 '十石'의 체적이므로 이 대옹이 만들어졌을 당시의 1石은 52.1리터 내외가 된다고 할 수 있다. 후술하겠지만, 이 대옹은 신라 하대 시기에 만들어졌을 가능성이 매우 높다. 따라서 앞서 안압지 출토 '四斗五刀'銘 대병을 통해 얻은 신라 하대 1升의 체적 350㎖ 내외나 기존의 연구에서 제시한 343㎖를 이에 대입하면, 1石(52.1리터)은 149升 내지 152升 정도가 된다. 고려시대의 10升 = 1斗, 15斗 = 1石制, 즉 150升 = 1石制에 매우 근접한 환산치를 얻을 수 있게 된다. 이는 결국 필자가 앞서 이 대옹의 명문을 '十石入瓮'으로 읽은 것이 타당할 수도 있음을 의미한다.

그러나 이 수치는 오차가 분명 존재하기 때문에 이것만으로 신라 하대의 1石이 52.1리터 내외였다고 쉽게 단정할 수는 없다. 하지만 이 '十石入瓮'銘 대옹과 매우 유사한 대옹들이 익산 彌勒寺址에서 발굴되었고, 특히 그 중에는 절대 연대가 기록된 大瓮片도 수습되었기 때문에, 이들 미륵사지 출토 대옹들의 체적들을 활용한다면, 앞서 안압지 출토 '十石入瓮'銘 대옹을 통해 추출한 1石의 체적도 그 정확도를 어느 정도 보완할 수 있을 것으로 생각된다. 이제부터는 익산 미륵사지 출토의 신라 대옹들을 검토하여, 신라 하대의 양제를 더욱 구체적으로 규명하여 보도록 하자.

## 2) 新羅 下代의 量制

익산 미륵사지에서는 백제시대의 유물뿐만 아니라, 신라의 대옹들도 다수 출토되었다. 우선 東院 북편 건물지 기단 내부에서는 대옹 2개(이하 『彌勒寺－遺蹟發掘調査報告書 I』의 분류에 따라 각각 ①-1 · 2로 부름)가 동서로 1.5m 간격으로 떨어져 나란히 직립한 상태로 肩部 이하가 묻힌 채 발굴되었다. 또한 강당지 북측의 동서로 긴 건물지 기단 내부에서는 대옹 3개(이하 각각 ②-1 · 2 · 3으로 부름)가 역시 견부 이하가 묻힌 채 발굴되었다. 특히 ①-1 · 2의 대옹에서는 그 내부에서 탄화된 쌀, 보리, 콩 등이 수습되어, 이 대옹들이 곡식저장용으로 사용되었을 가능성을 높혀주고 있다.[67]

이 대옹들 중 ①-2, ②-2, ②-3은 앞서 검토한 안압지 출토 '十石入瓮'銘 대옹과 기형이나 목 아래와 동체의 돌대 및 무늬가

---

64) 윤선태, 「咸安 城山山城 出土 新羅木簡의 用途」 『震檀學報』 88, 1999.

65) '한국고고학회'의 홈페이지(http://www.kras.or.kr)에 高麗大學校의 崔鍾澤 교수가 올려놓은 '토기(평저토기 호옹류)의 체적을 구하는 프로그램'을 활용하였다.

66) 이 대옹의 열람과 수치 측정에 도움을 준 당시(1999년) 국립경주박물관 고경희 학예실장, 김유식, 이한상 학예사께 이 자리를 빌어 감사드린다.

67) 文化財管理局 文化財硏究所, 『彌勒寺－遺蹟發掘調査報告書 I』, 1989, 362~364쪽.

매우 유사한 회색 경질 토기들이다. 그런데 미륵사지에서는 이 대옹들의 소성 연대를 알 수 있는 동일한 형식의 토기편이 함께 출토되었다. 그 토기편의 명문을 보면,[68] '大中 12년(헌안왕 2년, 858년)'이라는 절대 연대가 음각되어 있어, 안압지 출토의 대옹이나 앞서 검토한 미륵사지의 대옹들도 이와 비슷한 시기에 소성된 신라 하대의 대옹들로 추정된다.

이제부터는 이 대옹들의 체적을 앞서의 프로그램을 이용하여 구해보도록 하자. ①-2 대옹은 목 부분이 결실되어 제외하고, ②-2 대옹의 체적은 목지름 31.6cm, 최대경 71cm, 저경 31.6cm, 높이 72.2cm, 목높이 7cm, 최대경 높이 38cm를 대입하면, 137.4리터가 된다. ②-3 대옹의 체적은 목지름 41.8cm, 최대경 79.2cm, 저경 30cm, 높이 85.4cm, 목높이 14.4cm, 최대경 높이 43.2cm를 대입하면, 186.5리터가 된다.

이들 대옹들과 유사한 양식의 대옹 2개(이하 『彌勒寺-遺蹟發掘調査報告書II』의 분류에 따라 각각 B-①·②로 부름)가 미륵사지 寺域 서편의 통일신라기 工房址에서 파편으로 수습되어 복원되었다. 이 대옹 중 B-①의 체적은 목지름 41cm, 최대경 73cm, 저경 30cm, 높이 84cm, 목높이 14cm, 최대경 높이 42cm를 대입하면, 162.7리터가 된다. 또 다른 하나인 B-②의 체적은 목지름 41.6cm, 최대경 76cm, 저경 28.4cm, 높이 80cm, 목높이 11.8cm, 최대경 높이 46.8cm를 대입하면, 162.4리터가 된다.

이제 안압지 출토 '十石入瓮'銘 대옹을 통해 얻은 신라 하대 1石의 체적 52.1리터를 각각 앞서 산출한 미륵사지 출토 대옹들의 체적과 비교해 보도록 하자. 우선 ②-2 대옹의 체적 137.4리터는 2.6石이 되며, ②-3 대옹의 체적 186.5리터는 3.6石이 된다. 또 B-① 대옹의 체적 162.7리터는 3.1石이 된다. 또 다른 하나인 B-② 대옹의 체적 162.4리터 역시 3.1石이 된다. 이러한 환산치는 대체로 이 대옹들이 2.5石, 3石, 3.5石의 크기로 제작되었음을 의미하며, 특히 3석의 대옹이 두 개나 확인된다는 점은 이러한 대옹들이 일정한 量 단위를 의식하면서 제작되었을 가능성을 말해 준다. 결국 안압지 출토 대옹의 체적을 기준으로 한 이러한 환산치가 일정한 정형성을 보이고 있는 것은 필자가 앞서 확인한 '四斗五刀'나 '十石入瓮'명 토기로 확인한 체적이 타당성이 높음을 의미한다.

이제까지 살펴본 안압지 출토 量器들의 체적이나 미륵사지 출토 대옹들의 체적으로 볼 때, 大中 12년(헌안왕 2년, 858년)을 전후한 신라 하대에는 양제가 1石 = 15斗制였고, 당시 1升의 체적은 오늘날의 350㎖ 내외, 1石의 체적은 52리터 내외였다고 생각된다. 그런데 앞서 언급한 「新羅祿俸文書斷片」을 통해 볼 때 8세기 초중반 무렵,[69] 신라 中代에는 1石이 20斗였음을 분명히 알 수 있다.[70] 그러면 1석 = 15두제로 나타난 안압지 출토 量器에 대한 필자의 추론은 잘못된 것일까? 하대의 자료에서는 중대와 다른 量制도 확인된다.

崔致遠이 진성여왕대(887~897년)에 撰한 「崇福寺碑文」에는 '一百結酬稻穀合二千苫'이라는 본문에 대해 '東俗以五畝減百弓爲結, 斛除一斗爲苫'라는 細註가 붙어 있다. 이 細註는 최치원의 自註로,[71] 여기의 苫은 石과 동일한 것이기 때문에,[72] 細註의 기록대로 斛(16斗)에서 一斗를 除하면, 이 비문이 찬해진 진성여왕대에 신라의 양제는 1석 = 15두제가 된다. 이 양제는 안압지 출토 量器에 대한 필자의 추론과 정확히 일치한다.

따라서 안압지 출토 量器들의 체적이나 미륵사지 출토 대옹들의 체적을 통해 大中 12년(헌안왕 2년, 858년)을 전후한 시기에

68) 문화재관리국 문화재연구소, 앞의 책, 385쪽.
69) 이 문서의 작성연대에 대해서는, 윤선태, 「正倉院 所藏 佐波理加盤附屬文書의 新考察」『國史館論叢』 74, 1997, 302~311쪽을 참조 바람.
70) 呂恩暎, 앞의 논문, 5쪽.
李宇泰, 앞의 논문, 16쪽.
71) 윤선태, 「新羅 '崇福寺碑'의 復元-結·苫의 細註와 관련하여」『佛敎美術』 16, 2000.
72) 李宇泰, 앞의 논문, 12쪽.

신라의 量制가 1石 = 15두제였고, 당시 1升의 체적은 오늘날의 350㎖ 내외, 1石의 체적은 52리터 내외였다고 본 필자의 추론은 신라 하대의 문헌 자료를 통해서도 다시 한번 증명되었다고 할 수 있다. 이는 안압지 출토의 대병의 '四斗五刀', 대옹의 十石八瓮에 음각된 銘文에 대한 필자의 판독이 틀리지 않았으며, 그에 기초하여 산출한 대병 및 대옹의 체적 수치들 역시 상당히 정확한 것이었음을 의미한다.

그러면 신라 中代의 祿俸文書에 보이는 1석 = 20두제와 하대의 量器와 문헌자료를 통해 확인된 1석 = 15두제는 상호 어떤 관계에 있었던 것일까? 이 두가지 양제가 신라에서 병존하였다고 이해하는 견해도 있지만, 최치원이 1석 = 15두제만을 언급하고 있고, 현재까지 고려의 자료에서도 모두 1석 = 15두제만이 확인된다는 점에서 볼 때, 신라의 공식적인 양제는 중대에는 1석 = 20두제였다가, 이후 신라 하대에 들어 1석 = 15두제로 변하였다고 보는 것이 무리가 없다고 생각된다.[73)]

## 4. 맺음말

지금까지 최근에 발굴된 한국 고대사회의 척도제와 양제 관련 유물들을 정리하고, 이를 기초로 하여 고대 척도제와 양제의 변화 과정을 좀 더 구체적으로 이해해 보았다.

우선 二聖山城에서 출토된 '문제의 高句麗尺'을 실마리로 하여, 한국 고대의 척도와 그 변화 과정을 검토하였다. 高句麗尺의 誕生을 중심으로, 이를 요약하면 다음과 같다. 고구려를 포함하여 삼국은 처음 중국으로부터 23.7cm의 漢尺을 수용하여 자신들의 척도제를 확립하였다. 그런데 이후 고구려 사회에서는 어느 시기엔가 漢尺의 1.5배가 되는 35.6cm의 고구려척이 새롭게 등장하여 사용되었다.

우선 고구려 유적에서 고구려척 5척 = 1보제가 영조척으로 사용되었던 것이 확인된다. 이후 이 척도는 신라와 고대 일본에도 전파되어 수확량에 입각한 量田制를 확립하는 데 기여하였다. 高句麗尺과 관련된 이 두 가지 조건을 함께 고려한다면, 高句麗尺은 고구려가 중국의 절대 길이와 절대 면적에 구애받지 않고, 자기 독자적으로 토지 생산량에 기초한 양전의 單位面積을 산출하려는 시도 속에서 탄생하였을 가능성이 매우 높다. 또 高句麗尺이 漢尺의 1.5배가 된 것도 우연이 아니라, 漢尺 1.5尺이 1肘로서 步를 측정하는 데 널리 사용되었고, 이로 인해 고구려가 이 자를 이용하여 자신들의 독자적인 단위 면적을 산출한 것이 아닌가 하는 생각이 든다.

이러한 추론은 고구려척의 尺步 환산이 5척 = 1보제였던 사실로도 어느 정도 보완될 수 있다. 5척을 1보로 하는 제도는 중국에서 唐代에 처음 등장한다. 그 이전에는 6척 = 1보제였다. 그런데 고구려에서 사용된 高句麗尺 5척 = 1보제는 앞서 언급하였듯이 당 이전에 성립한 것이 분명하다. 따라서 고구려가 당시의 일반적인 尺步 환산을 택하지 않았던 것은 고구려가 중국의 절대 면적을 무시하고, 토지 생산량에 기초한 양전의 단위 면적을 새롭게 산출하려고 한 데에 그 원인이 있다고 생각된다.

이처럼 고구려는 자신들이 생각하는 양전의 단위 면적을 생산량을 기준으로 설정하였기 때문에, 기존의 절대 척도인 漢尺을 무시할 수밖에 없었고, 그러한 자신들의 생각에 부합하는 단위 면적을 산출하는 과정에서 고구려척과 고구려척 5척 = 1보제가

---

73) 呂恩暎, 「高麗時代의 量制」『慶尙史學』3, 1987.
李宇泰, 「韓國 古代의 量制」『泰東古典硏究』10, 1993.

탄생하였다고 생각된다. 따라서 이후 고구려에서는 척도제가 국가의 基準尺(=漢尺)과 量田尺(=高句麗尺)으로 이원화될 수밖에 없었을 것이다.

唐大尺이 수용되기 이전, 신라나 고대 일본의 二元的인 尺度制도 이에서 비롯되었다고 생각된다. 이러한 점에서 본다면, 토지 생산량을 기준으로 한 신라의 結負制와 고대 일본의 束代制는 결국 고구려에서 高句麗尺의 탄생과 함께 성립한 '토지 생산량을 기준으로 한 고구려의 量田制'를 모태로 한 것이 된다. 따라서 高句麗尺의 誕生은 동북아시아의 고대사회가 중국의 일원적인 척도제와 다른 이원적인 척도제를 실시한 始原으로서, 그 역사적 의의가 자못 크다고 할 수 있다.

한편 한국 고대의 양제에 대해서는 1升의 체적과 그것의 시대적 변화에 대한 견해들이 각양각색이라고 할 정도로 異見이 심하다. 이러한 문제점을 극복하기 위해 필자는 신라의 양제와 밀접히 관련되어 있는 '新羅土器'에 주목하여 보았다. 신라토기는 器型이 매우 다양하지만, 동일 기형에 있어 부피는 일정한 정형성을 갖고 있다. 토기의 크기는 당대인들의 체적 관념과 일정한 함수 관계에 있으며, 이 관념은 결국 자기 시대의 國家的 量制와 일차적으로 조응한다고 생각된다.

신라토기가 갖고 있는 정형성을 추적하는 가운데, 필자는 신라 下代에 만들어진 雁鴨池 출토의 大甁과 大瓮에 量制 관련 銘文이 기록되어 있는 것을 확인하게 되었다. 이는 신라토기의 정형성을 구체적으로 증명할 수 있는 준거가 될 수 있다는 점에서 매우 중요한 指標的 遺物이라고 할 수 있다. 이에 필자는 이 토기들을 '量器'라고 감히 명명하여 보았다.

우선 '十石入瓮'銘 토기의 체적은 오늘날의 520.8리터였다. 이 수치는 '十石'의 체적이므로 당시의 1石은 52.1리터 내외가 된다. '四斗五刀'銘 대병을 통해 얻은 신라 하대 1升의 체적 350㎖ 내외를 이에 대입하면, 1石(52.1리터)은 149升 정도가 된다. 기존 연구에서 나말여초기에 실시되었을 것으로 추정한 15升=1斗, 10斗=1石制, 즉 150升=1石制에 매우 근접한 환산치를 얻을 수 있게 된다.

그러나 이 수치는 오차가 분명 존재하기 때문에 이것만으로 신라 하대의 1石이 52.1리터 내외였다고 쉽게 단정할 수는 없다. 이에 필자는 十石入瓮명 대옹과 기형이 매우 유사한 익산 彌勒寺址 출토의 신라 대옹들에 주목하여 보았다. 이 대옹들의 내부에서는 탄화된 쌀, 보리, 콩 등이 수습되어, 이 瓮들이 창고의 곡식 저장용으로 사용되었을 가능성을 높여주고 있다. 이 대옹들은 '大中十二年(헌안왕 2년, 858년)'이 음각된 동일 기형의 대옹편으로 인해 그 소성 연대를 알 수 있다.

한편 十石入瓮을 통해 얻은 신라 하대 1石의 체적 52.1리터를 미륵사지 출토 대옹들의 체적에 대입해 보면, 미륵사지 출토 대옹들의 크기는 2.5石, 3石, 3.5石으로 나타난다. 특히 3석의 대옹이 두 개나 확인되었는데, 이는 이러한 대옹들이 일정한 量 단위를 의식하면서 제작되었을 가능성을 말해 준다.

이제까지 살펴본 안압지 출토 量器들의 체적이나 미륵사지 출토 대옹들의 체적으로 볼 때, 大中 12년(헌안왕 2년, 858년)을 전후한 신라 하대에는 양제가 1石=15斗制였고, 당시 1升의 체적은 오늘날의 350㎖ 내외, 1石의 체적은 52리터 내외였다고 생각된다. 이러한 신라 양제는 崔致遠이 진성여왕대(887~897년)에 撰한 「崇福寺碑文」에서도 확인된다. 최치원은 同碑文의 自註에서 당시 신라의 苫(石)이 斞(16斗)에서 一斗를 除한, 1석=15두제였다고 설명하였는데, 이 양제는 안압지 출토 量器에 대한 필자의 추론과 정확히 일치한다.

그런데 일본 正倉院 소장의 「新羅祿俸文書斷片」으로 볼 때, 8세기 초중반에는 신라의 양제가 1석=20두제였음을 알 수 있다. 그러면 이러한 중대의 양제와 하대의 量器와 문헌자료를 통해 확인한 1석=15두제는 상호 어떤 관계에 있었던 것일까? 이 두 가지 양제가 신라에서 병존하였다고 이해하는 견해도 있지만, 최치원이 1석=15두제만을 언급하고 있고, 현재까지 고려의 자료에서도 모두 1석=15두제만이 확인되고 있는 점에서 볼 때, 신라의 공식적인 양제는 중대에는 1석=20두제였다가, 이후 신라 하대에 들어 1석=15두제로 변하였다고 보는 것이 무리가 없다고 생각된다.

신라 중대 1升의 체적 역시 신라토기들을 통해 추적이 가능하다고 생각된다. 이는 후일의 과제로 남기지만, 만약 기존의 견해대로 중대에 1승이 200㎖ 였다면, 1석은 40리터 정도가 된다. 필자의 추정치대로 하대에 들어 1승의 용적이 350㎖ 내외였고, 1석이 52리터 내외였다면, 신라 하대에 들어 양제에 큰 변동이 있었음을 확인할 수 있다. 이러한 양제의 변화는 하대 이후 田租制가 확립되는 과정과 일정한 관련이 있을 것으로 추정된다. 이에 대해서는 후일의 검토를 기약한다.

# 고려시대의 도량형과 그 의미

이종봉(부산대학교 사학과)



## 1. 머리말

도량형은 사회를 지탱해 주는 근간으로 수취 · 교역 등의 경제생활과 불가분의 관계를 가지고 있다. 도량형이 혼란하면 그 사회가 무너질 수 있으므로, 전근대의 국가는 새로운 국가를 건국하면 곧 도량형을 정비하는 것도 이에 기인한다. 도량형은 정말 중요하다고 할 수 있다. 따라서 고려시대 도량형의 연구는 고려시대 사회를 이해할 수 있는 실마리이자 사회경제사 연구의 토대 구축이라는 측면에서 중요한 의미를 가진다. 고려시대 도량형에 대한 연구는 여러 연구자에 의해 진행되었다.

먼저 고려시대 척의 연구로서 白南雲은 구체적 분석 없이 布帛尺(曲 1尺 8寸) · 金尺(營造尺 ; 周尺 1尺 2寸) · 周尺(周 6尺) 등이 사용되었고, 1量田尺을 周尺 6척(曲尺 3尺 9寸 6分)으로 파악하였다.[1] 金容燮과 姜晉哲은 조선 초기 양전척으로 周尺이 사용된 점을 고려하여 周尺을 고려시대의 양전척으로 파악하였다.[2] 朴興秀는 고려 文宗 이전은 周尺을, 文宗 23年 이후는 指尺(19.423cm)을 양전척으로 사용하였고, 통일신라시대의 당대척은 營造尺으로 변화되었다고 하였다.[3] 尹張燮은 양전척인 周尺과

1) 白南雲, 「量地尺의 개정과 結負制의 변화」『朝鮮封建社會經濟史(上)』, 1937.
2) 金容燮, 「高麗時期의 量田制」『東方學志』16, 1975 ; 姜晉哲, 「田結制의 問題」『高麗土地制度史研究』, 高麗大學校 出版部, 1980.
3) 朴興秀, 「新羅 및 高麗의 量田法에 관하여」『學術院』, 1972 ; 「한국 古代의 量田法과 量田尺에 관한 연구」『한불연구』, 1974 ; 「新羅 및 高麗 때의 量制度와 量尺에 관하여」『科學技術研究』5, 1977 ; 『度量衡과 國樂論叢』, 朴興秀博士華甲紀念論文集刊行會, 1980 ; 『한 · 중도량형제도사』, 성균관대학교 출판부, 1999.

고려 중기부터 宋尺과 유사한 길이인 약 31cm의 營造尺이 사용되었음을 검토하였다.[4] 呂恩暎은 周尺(21.30cm), 金尺, 高句麗尺, 營造尺 등의 척이 존재하였다고 하였고,[5] 李宇泰는 고려시대는 31.5~35cm의 길이를 가진 척이 존재하였다고 보았다.[6] 李宗峯은 통일신라시대 당대척을 계승한 척과 지척 등이 사용되었다고 보았다.[7]

다음으로 용적에 대한 연구는 朴興秀가 우리나라의 量制는 삼국시대에 성립되었는데, 그 근간은 중국 한의 王莽量制로 보았다. 量體系는 1石 = 15斗가 통일신라 이후 계속 사용되었고, 宋 1斛 = 1/2石처럼 고려도 1斛 = 1/2石이었다. 1승의 용적은 王莽量制를 기반하였기 때문에 삼국시대 이전에는 199.19㎖였다가 삼국통일 이후(文武王) 唐의 문화적 영향으로 大量制(약 597.6㎖)로 변화되었고, 양제의 변동 시기를 삼국통일기로 파악하였다.[8] 呂恩暎은 1승의 용적이 삼국 및 통일신라시대에 약 199㎖였으나, 고려 전기에 1승 = 298.79㎖의 精穀升과 398.38㎖의 皮穀升이 각각 존재하였는데, 精穀升은 고려후·말기에 大容積의 元石에 동화되어 597.57㎖로 변화되었고, 皮穀升은 200승의 大石으로 변화되었다고 하여 양제의 변동 시기를 각각 나말여초와 고려 후기로 보았다.[9] 李宇泰는 1升의 용적이 삼국시대에 200㎖였다가 1石 = 15斗로 변화되면서 약 300㎖였다고 보았다.[10]

마지막으로 저울에 대한 연구는 白南雲이 고려시대에 斤(= 16兩), 兩(= 10錢), 錢(= 10分), 分(= 10釐)의 체계를 가지고 있다고 하였다.[11] 그리고 李宗峯은 유물에 기록된 자료와 실제 무게를 측정하여 저울의 단위 무게를 추정하였다.[12]

이상에서 살펴본 것처럼 고려시대 도량형은 상당 부분 연구되었다고 하여도 과언이 아니지만 앞으로 연구해야 할 과제도 많다. 본고에서는 이를 토대로 고려시대의 도량형과 그 의미를 살펴보고자 한다.

## 2. 척의 종류와 길이

### 1) 遺物의 기록과 실측을 통해 본 尺

고려시대 척의 종류는 일부 문헌 자료에 나타나지만 그 길이를 알려 주는 기록이 없을 뿐만 아니라 실물 자료도 현재까지 출토되지 않았다. 다만 척의 종류는 『高麗史』에 '金尺을 刑杖式에 사용하였다'는[13] 것과 『世宗實錄』에 '前朝에 양전척으로 指尺을 사용하였다'는[14] 기록이 있다. 그리고 李奎報의 文集에 '長尺名'의 기록과[15] 李穡의 詩文集에 '꽃의 길이가 周尺을 넘을까 두렵

4) 尹張燮, 「韓國의 營造尺度」 『韓國建築硏究』, 東明社, 1983.
5) 呂恩暎, 「高麗時代의 量田制」 『嶠南史學』 2, 1986.
6) 李宇泰, 「新羅時代의 結負制」 『泰東古典硏究』 5, 1989.
7) 李宗峯, 『韓國中世度量衡制硏究』, 혜안, 2001.
8) 朴興秀, 앞의 논문, 1977 ; 『度量衡과 國樂論叢』, 1980.
9) 呂恩暎, 「高麗時代의 量制－結負制 이해의 기초로서」 『慶尙史學』 3, 1987.
10) 李宇泰, 「韓國古代의 量制」 『泰東古典硏究』 10, 1993.
11) 白南雲, 『朝鮮封建社會經濟史(上)』, 1937.
12) 李宗峯, 『한국중세도량형제연구』, 혜안, 2001.
13) 『高麗史』 卷84 刑法1 名例.
14) 『世宗實錄』 卷49 世宗 12年 8月 戊寅.
15) 『東國李相國集』 卷19 長尺名.

다'는[16] 단편적인 기록이 있을 뿐이다. 이들 자료만으로 고려시대 척의 종류와 길이를 규명하기란 쉽지 않다.

고려시대 척의 종류를 이해하기 위해서는 먼저 중국 漢·唐시대 척의 종류를 살펴보면 일정하게 참고 된다. 漢은 王莽 때 제작된 升(깊이가 1尺)의 표준기에 의하면 1척이 23.09cm 정도라고 한다.[17] 漢尺은 晉代(東晋·西晉)에 약 24.5cm 전후로 伸長되었다.[18] 唐은 『大唐六典』에 '凡度 以北方秬黍中者 一黍之廣爲分 十分爲寸 十寸爲尺 一尺二寸爲大尺 十尺爲丈'이라 기록하고 있다.[19] 따라서 唐에서는 小尺과 小尺의 1尺 2寸인 大尺이 존재하였음을 알 수 있다. 그러나 唐의 大尺은 당대에 만들어진 것이 아니었다. 『隋書』 律曆志에 의하면 '開皇官尺 卽鐵尺一尺二寸'과 '祖孝孫云 平陳后 廢周玉律 便用此鐵尺律 以一尺二寸卽爲市尺'이라고 한다.[20] 이러한 鐵尺은 後(北)周鐵尺(약 24.6cm)을 말한다. 그리고 開皇(文帝 589~600)官尺은 市尺, 즉 後周市尺(29.5765cm)으로 後魏後尺이다. 後周鐵尺과 市尺은 10:12의 비율이다. 따라서 唐大尺(29.49408cm)은 이미 隋代에 형성되었으며 周·隋의 제도를 연용한 것에 불과하다.[21] 隋·唐의 小尺(24.5784cm)은 현재 출토되어 전하는 것은 없고, 소척은 音律의 保持, 天文觀測 등의 특수한 경우에 사용되었다. 민간에서는 주로 唐大尺을 사용하였다.[22] 宋의 척은 唐의 제도를 답습하여 官尺의 경우 太府寺가 관장하여 만들고, 이를 내외 관리 및 민간에 공급하였다.[23] 송 정부가 반포한 표준척은 布帛을 징수하는 것이 중요 목적이었기 때문에 '太府寺布帛尺'이라고 하고, 혹 줄여 '太府寺尺' 또는 '布帛尺'이라고도 한다.[24] 송의 布帛尺은 약 31.6cm 정도라고 추측하였다.[25]

조선 초기 척의 종류는 『經國大典』에 의하면 '척의 제도는 10釐가 1分, 10分이 1寸, 10寸이 1尺, 10尺이 1丈으로 한다. 周尺은 黃鍾尺에 준하면 황종척의 6촌 6리가 되고, 營造尺을 黃鍾尺에 준하면 황종척의 8촌 9분 9리가 되고, 造禮器尺을 黃鍾尺에 준하면 황종척의 8촌 2분 3리가 되고, 布帛尺을 黃鍾尺에 준하면 황종척의 1척 3촌 4분 8리가 된다'고[26] 기록하고 있는 것으로 보아 周尺, 營造尺, 禮器尺, 布帛尺, 黃鐘尺 등이 존재하였음을 알 수 있다. 이와 같은 조선 초기 척의 종류는 고려시대 척을 이해하는데 참고가 된다.

먼저 고려시대 척의 사례를 통해 척의 길이를 살펴보고자 한다. 고려시대 척의 길이는 어떠한 자료에도 기록되어 있지 않다. 통일신라시대에는 唐大尺을 사용하였다고 하였다.[27] 그런 점에서 고려 전기의 자료를 통해 이 시기에 사용된 척에 대해 살펴보자. 첫째, 고려 초기 금석문을 통해 척을 이해할 수 있는데, 光宗 13년(962)에 龍頭寺의 幢竿을 만들었는데, 30段의 철통으로 60

16) 『牧隱詩藁』 卷11 雞頭花有感.

17) 小泉袈裟勝, 『ものさし』, 1979, 22~23쪽.

18) 王云, 「魏晉南北朝時期的度量衡」 『논문집』, 1990, 331~337쪽.

19) 『大唐六典』 卷3 金部郎中員外郎.

20) 『隋書』 卷16 律曆 上 審度.

21) 万國鼎, 「唐尺考」 『中國古代度量衡論文集』, 中州古籍出版社, 1990.
楊寬, 「中國歷代尺度考」 같은 책, 1990.

22) 小泉袈裟勝, 『ものさし』, 1992, 124쪽.

23) 度量衡皆太府掌造 以給內外官吏及民間之用(『宋史』 卷68 律曆志).

24) 宋의 初에 貢賦는 三司를 통해 수취되었기 때문에 이 척을 三司布帛尺 혹은 三司尺이라 칭했다. 삼사를 '號曰計省'이라 했기 때문에 '省尺'이라고도 한다. 또 景祐(1034~1037 : 인종) 초년 李照가 일찍이 '太府寺布帛尺'을 써서 調音律을 하였기 때문에 '李照尺'이라고도 불렀다. 南宋에 이르러 布帛尺은 '官尺', '京尺'이라고 불렀다(楊寬, 「中國歷代 尺度考」 『中國古代度量衡論文集』, 1990).

25) 丘光明, 『中國度量衡』, 1993, 123~124쪽.
丘光明, 앞의 책, 1992, 98~99쪽.
小泉袈裟勝은 宋尺의 평균 길이를 31.3cm로 파악하였다(「中國の尺度」 『單位の起源辭典』, 1982).

26) 『經國大典』 卷6 工典 度量衡.

27) 李宗峯, 앞의 책, 2001.

尺의 기둥을 세웠다는 것이다.[28] 龍頭寺의 幢竿은 30段의 鐵筒을 세웠지만 현재 20段이 남아 있고, 전체 높이가 12.7m이고, 1段(2尺)의 높이는 63cm라고 한다.[29] 따라서 용두사의 당간 조성에 사용된 기준척은 31.5cm 정도이고, 이는 통일신라시대에 사용된 唐大尺보다 약간 늘어났음을 알 수 있다. 둘째, 11세기 전반기 금석문 기록을 통해 척을 이해할 수 있는데, 大平 10年(顯宗 21, 1030)에 '2尺 4寸 2分' 크기의 종을 만들었다는 것이다.[30] 이 종은 현재 日本 大阪市 大淀區 長柄 鶴滿寺에 所藏되어 있는데, 종의 높이가 일본 曲尺으로 2척 3촌 여라고 한다.[31] 일본의 곡척은 30.3cm이므로 종의 조성에 사용된 기준척은 28.80cm가 된다. 위의 두 자료를 살펴볼 때 고려 초기에 조성된 용두사 당간에는 당대척보다 약간 신장된 척이 사용되었고, 고려 顯宗 21年(1030)에 조성된 鍾에는 당대척보다 약간 짧은 척이 사용되었음을 알 수 있다.

셋째, 문헌자료의 기록과 고고학적인 조사보고서를 비교하여 척을 살펴보자.

〈가〉

a - 顯宗二十一年 京都羅城王初卽位 徵丁夫三十萬四千四百人築之 至是功畢 城周二萬九千七百步 羅閣一萬三千間 … 一云 丁夫二十三萬八千九百三十八人 工匠八千四百五十人 城周一萬六百六十步 高二十七尺 厚十二尺 廊屋四千九百十一間 (『高麗史』 권56 地理1 王京開城府)

b - 其城 周圍六十里(『高麗圖經』 권3 城邑 國城)

자료 a)에 의하면 顯宗 21年[32] 개경에 丁夫 304,400인 동원하여 29,700步의 羅城을 쌓았고, 혹은 丁夫 238,938인을 동원하여 둘레 10,660步, 높이 29尺, 두께 12尺을 쌓았다는 것이다.[33] 그후 개성은 여러 차례 수축이 이루어졌다.[34] 자료 b)에서는 12세기 중엽에 徐兢이 개경의 둘레를 60里라 하였다. 徐兢은 아마도 개경의 둘레를 측정할 때 고려의 척를 기준하였다기보다는 宋의 尺度를 기준하였을 가능성이 많다. 宋代는 唐代 이후 1步 = 5尺을 계승하였다.[35] 宋代의 1里는 300×5尺, 즉 1,500尺이다.[36]

개성 성곽에 대한 실측 보고서는 外城 총길이가 23km와 內城은[37] 11.2km이며, 동대문과 오정문 성벽을 조사 발굴한 데 기초하여 추측한다면 평균 높이가 9~10m, 성의 폭은 밑넓이가 8~10m, 윗넓이가 4m 정도였을 것이라 한다.[38] 이것은 『高麗史』

---

28) 遂令鑄成三十段之鐵筒 連立六十尺之幢柱(『朝鮮金石總覽』 上, 龍頭寺幢竿記).

29) 李宇泰, 「新羅 '村落文書'의 村域에 대한 一考察」 『金哲埈博士華甲紀念史學論叢』, 1983.

30) 大平十年二月日 寺棟梁元廉節□ 靑金鍾入三百斤 長二尺四寸二□(『韓國金石遺文』, 大平十年銘鐘).

31) 黃壽永, 『韓國金石遺文』, 1981, 298쪽.

32) 開城의 羅城은 顯宗 卽位年(1009) 3월에 축성 논의(『高麗史』 卷4 顯宗 卽位年 3月條에 '是月 議築開京羅城'를 시작하여 顯宗 20年 8月(『高麗史』 卷5 顯宗 20年 8月條 '是月 開京羅城成 凡二十一年而功畢')에 공사를 마쳤기 때문에 21년의 공사 기간이 소요되어 완성되었다.

33) 개성의 둘레를 29,700步로 기록한 문헌은 『新增東國餘地勝覽』 卷4 開城府 上 城郭 羅城條에 '卽外城高麗顯宗時 姜邯贊請城京都 王命李可道築土爲城 凡二十一年而畢 城周二萬九千七百步 羅閣一萬三千間' 등이 있다. 반면 개성의 둘레를 10,660步로 기록한 문헌은 『高麗史節要』 卷3 顯宗 20年 8月條와 『世宗實錄』 卷148 地理志 舊都開城留後司條가 있다. 그러나 『世宗實錄』의 기록은 10,660步를 16,060步로 기록하고 있다.

34) 顯宗代에 축성한 이후 開城城(외성)의 수축은 文宗 19년(1065), 文宗 31년(1077), 恭愍王 8년(1358), 禑王 4년(1378)에 각각 이루어졌으며, 恭愍王 10년(1361), 恭讓王 3年(1391)에는 성문들이 대대적으로 수리되었다(전룡철, 「고려의 수도 개성성에 대한 연구」 『역사과학』 1980년 제2호).

35) 凡天下之田 五尺爲步 二百有四十步爲畝 百畝爲頃(『大唐六典』 卷3 戶部).

36) 呂恩暎, 앞의 논문, 1986, 46쪽에서 1里를 1,800尺으로 계산하였다. 그러나 송대의 척도는 당대척을 계승하였기 때문에 1步 = 5尺이었다. 따라서 1步 = 6尺을 기본으로 하여 1里를 계산하는 것은 근본적인 한계가 있다. 우리나라의 경우 조선시대 이정법이 마련될 때 주척을 기준으로 하였는데, 이때에는 1里 = 360步로 하였다.

37) 我太祖開國二年癸酉以甓等 內城周二十里四十步(『新增東國輿地勝覽』 卷4 開城府 上 城郭 內城).

지리지에 외성벽의 높이가 27척과 두께가 12척이라고 한 것과 비슷하다고 할 수 있다. 呂恩暎은 문헌 기록과 실측 보고서를 통해 개성축성에 사용된 기준척을 각각 12.91cm, 35.96cm, 21.30cm, 66.67cm, 100cm, 33.33cm, 37.04cm 등으로 파악하였고, 이러한 기준척 중에서 신빙성이 있는 척은 21.30cm의 周尺과 35.96cm의 高句麗尺(=新大尺)이 고려 전기에 사용된 것으로 보았고,[39] 고려시대는 이러한 척과 길이가 다른 營造尺(=32.38cm)이 사용되었다고 하였다.[40]

실제 북한에서는 고려시대 척을 언급하면서 羅城에 대한 기준척을 언급하지 않고 있다. 그런데 최근 북한의 연구는 滿月臺의 營造에 31.0cm, 金剛山 長安寺 大雄寶殿은 31.2cm, 開城 玄化寺 7층 石塔에는 31.1cm의 단위 자가 사용되었다고 하였다.[41] 따라서 문헌 자료의 기록과 발굴 보고서의 거리와는 부합되지 않지만 滿月臺의 營造를 비롯한 여러 건축에 31cm의 단위자가 사용된 것으로 보아 羅城의 축조에도 31cm의 營造尺을 사용하였을 것이다.

넷째, 현존하는 고려시대 건축물의 실측을 통해 척을 추측하여 보자. 尹張燮은 고려시대 현존 건축물의 실측을 통해 安東 鳳停寺 極樂殿의 기준척은 약 30.944cm, 榮州 浮石寺 祖師堂의 기준척은 약 30.977cm, 禮山 修德寺 大雄殿의 기준척은 약 30.790cm, 江陵 客舍門의 기준척은 31.027cm 등인데, 이를 평균하면 약 30.936cm의 기준척이 사용되었다고 한다.[42] 이것은 통일신라시대의 佛國寺와 石窟庵에 사용된 營造尺의 길이가 29.70076cm와 29.7597cm라는 점을 염두에 두면 약간 늘어난 것을 알 수 있고,[43] 조선 太祖 때의 營造尺인 32.21cm와 世宗代의 營造尺인 31.24cm보다는 약간 짧은 길이다.[44] 이와 같은 고려시대의 건축에 사용된 營造尺의 약 31cm는 앞에서 언급한 현존 유물과 유물에 기록된 척의 기준척과 비슷하다는 점에서 주목된다고 할 수 있다.

〈표 1〉 고려시대 遺物의 실측을 통한 基準尺

| 유 물 명 칭 | 기록 (A) | 실측 길이 (B)cm | 척 길이 B/A(cm) |
|---|---|---|---|
| 龍頭寺幢竿記(光宗 13年 ; 962) | 30段, 連立60尺(1段 = 2尺) | 63 | 31.5 |
| 大平十年銘鐘(顯宗 21年 ; 1030) | 長2尺4寸2分 | 曲尺 2尺3寸 | 28.8 |

38) 전룡철, 「고려의 수도 개성성에 대한 연구(1·2)」『역사과학』, 1980년 2호·3호.
39) 呂恩暎, 앞의 논문, 1986, 45쪽에서
A尺 : 外城總延長 23km/羅城 城周(29,700步) = 12.91cm(尺)
B尺 : 外城總延長 23km/羅城 一云 城周(10,660步) = 35.96cm(尺)
C尺 : 外城總延長 23km/國城 周 60里 = 21.30cm(1里=1,800尺)
D尺 : 城厚 城底-최소 8m/12尺 = 66.67cm(尺)
최대 12m/12尺 = 100cm(尺)
E尺 : 城高-최저 9m/27尺 = 33.33cm
최고 10m/27尺 = 37.04cm 양자 평균 : 35.19cm
F尺 : 城石 : 35cm, 36cm로 파악하였다.
40) 呂恩暎, 「高麗時代의 量制-結負制 이해의 기초로서」『慶尙史學』3, 1987, 17쪽에서는 量尺의 營造尺으로 32.58cm가 사용되었다고 파악하였다.
41) 과학기술발전사편찬위원회, 『조선기술발전사(고려편)』3, 과학백과사전종합출판사, 1994, 84~109쪽.
42) 尹張燮, 「한국건축에 대한 고찰」『한국건축연구』, 1983, 264~266쪽 ; 尹張燮, 「고려의 목조건축형식」『韓國의 建築』, 서울대 출판부, 1996, 286쪽.
43) 申榮勳 譯, 앞의 책, 1976 ; 申榮勳, 「石窟庵의 建築的인 營造計劃」『考古美術』7-7, 1966.
南天祐, 앞의 논문, 1969.
44) 朴興秀, 앞의 논문, 1967.

〈표 2〉 현존 고려시대 건축물의 실측 基準尺

| 현존 건축명 | 기준척(cm) | 근 거 |
|---|---|---|
| 安東 鳳停寺 極樂殿 | 30.94 | 『韓國의 建築』 |
| 榮州 浮石寺 祖師堂 | 30.98 | 同上 |
| 禮山 修德寺 大雄殿 | 30.79 | 同上 |
| 江陵 客舍門 | 31.03 | 同上 |
| 開城 滿月臺 | 약 31 | 『조선기술발전사』 |
| 金剛山 長安寺 大雄寶殿 | 약 31.2 | 同上 |
| 開城 玄化寺 7層 石塔 | 약 31.1 | 同上 |

이상에서 살펴본 것처럼 고려시대는 통일신라시대에 도입된 唐大尺을 계승하고, 이를 기준척으로 사용하였음을 위의 〈표 1〉과 〈표 2〉를 통해서 알 수 있다. 이러한 기준척(약 31cm)은 量田과 布帛尺·營造尺 등으로 다양하게 사용되었다. 그러나 12세기 이후에는 指尺(19.5cm±2·3)이 量田尺으로 사용됨으로써 기존의 척은 布帛尺·營造尺 등으로만 사용되었다. 이러한 척의 伸長과 분화는 조선 초기에 더욱 다양화될 수 있었다.

## 2) 量田尺

통일신라시대는 양전이 실시되었다는 사례들은 다수 나타나지만 어떠한 척을 量田尺으로 사용하였다는 구체적인 근거 자료는 명확하지 않다. 다만 고려의 어느 시기에는 指尺을 양전척으로 사용하였다.[45] 指尺에 의한 隨等異尺制가 양전척으로 사용되기 이전은 기존의 연구에서 무엇을 근거로 하였는지 명확하지 않지만, 주척을 고려 전기의 양전척으로 파악하였다.[46] 그러나 실제 周尺이 고려시대에 양전척으로 사용되었다는 근거는 어디에도 나타나지 않는다.

고려 전기 당대척은 지척에 의한 隨等異尺制가 사용되기 전에 量田尺으로 사용되었된 것이 아닐까 추측된다. 실제 신라통일기 首露王의 王位田 30頃(結)의 토지가 고려 초기 成宗 때 量田의 결과 '26結 12負 9束'으로 측정되고 '3結 87負 1束'이 줄어들었다.[47] 이러한 현상은 신라통일기에는 伸長되지 않은 唐大尺의 營造尺으로 양전하였고, 고려 성종대에는 통일신라기의 唐大尺에서 신장된 척을 양전척으로 사용하였기 때문이다. 기준척 자체가 늘어나 통일신라 문무왕 때 측정된 면적의 결부수와 성종대의 측정된 결부수가 차이가 발생할 수밖에 없다. 따라서 고려시대 隨等異尺인 指尺이 양전척으로 사용되기 이전은 당대척을 量田尺(= 영조척)으로 사용하였음을 알 수 있다.

45) 摠制河演以爲 … 自前朝 只以上中下三等定制 將農夫手 二指計十爲上田尺 二指計五三指計五爲中田尺 三指計十爲下田尺 六尺一步 三步三寸四方周廻爲一負 二十五步爲一結 而打量其收租 則皆取三十斗 三等之田差等不遠(『世宗實錄』 卷49 世宗 12年 8月 戊寅).

46) 白南雲, 앞의 책, 1937.
朴興秀, 앞의 논문, 1972.
金容燮, 앞의 논문, 1975.

47) 『三國遺事』 卷2 駕洛國記.

고려 중·후기 여러 차례 量田을 하였다는 문헌기록이 있지만 어떠한 척을 量田尺으로 사용하였다는 구체적인 근거 자료는 명확하지 않다. 그러나 『世宗實錄』에 의하면 '前朝부터 上·中·下의 三等田制가 정해졌는데, 그것은 指尺에 의한 양전척, 즉 隨等異尺을 이용하였다'고 한다.[48] 指尺은 엄지손가락 끝에서부터 중지의 끝까지 길이로 파악하는 견해도 있지만,[49] 2指(食指·長指)와 3指(食指·長指·無名指) 등의 손가락 폭을 가리킨다.

### 3) 布帛尺

布는 고려시대 부세의 중요한 항목으로 취급되었을 뿐만 아니라[50] 물물교환의 기준으로도 기능하였다.[51] 이러한 布의 징수와 교환의 단위는 匹을 기준한다.[52] 이러한 포의 징수를 위해 사용한 척을 포백척이라 한다.

고려시대 포 1필은 어느 정도였을까? 1필의 길이는 명확하지 않지만 40척이라는 견해가 있다.[53] 그런데 明宗 9年 '貢中布 1匹은 貢平布를 1匹 15尺으로, 貢紵布 1필은 貢平布 2필로, 貢綿紬 1필은 貢平布 2필로 절납한다'는[54] 규정이 있지만, 포 1필의 규격은 정확하게 알 수 없다. 앞에서 통일신라시대에는 1匹 42尺이라 하였고, 중국의 경우 기준척에 따라 다르지만 대체적으로 4丈(40尺)을 기준하였다. 고려시대 1필은 통일신라시대의 1필인 42척을 계승하였다가 고려 후기에 40척으로 변화되었을 것으로 추측된다. 그것은 『牧隱詩藁』에 의하면 "五升布 三疋은 生絹卄四尺을 살 수 있고, 또 五疋은 絹一疋을 살 수 있는데 이것은 至正己丑 즉 忠定王 1年(1349)이다"라고[55] 하였기 때문이다. 따라서 고려시대 布帛尺은 통일신라가 당대척인 영조척을 포백척으로 사용한 것처럼 당대척에서 늘어난 척을 통용하였을 것으로 추측된다.

고려시대 포백척은 여말 수취제도의 혼란기를 거치면서 크게 신장되었을 것으로 추측된다. 그것은 조선 초기 세종 13년(1431)에 새롭게 竹尺으로 교정되었는데,[56] 다른 어떤 척보다 길게 교정되었기 때문이다. 이와 같은 죽척, 포백척의 신장은 1필의 길이를 새롭게 조정하지 않으면 안되었다. 그리하여 조선 초기 1필은 세종 13년 포백척을 기준하여 35尺으로 규정하였다.[57] 이는 통일신라시대 이후보다 산술적 길이는 줄어들었다. 그것은 포백척의 신장으로 1필의 길이를 산술적으로 축소시켰기 때문이다. 그러나 포백척 자체가 이전보다 크게 신장되었기 때문에 실질적인 포 1필의 길이는 오히려 늘어났다.

---

48) 『世宗實錄』 卷49 世宗 12年 8月 戊寅.

49) 白南雲, 앞의 책, 1937에서 二指는 엄지와 식지를, 三指는 엄지와 장지를 각각 뻗친 길이를 말하였다.

50) 人稅布五匹 穀五石(『隋書』 卷81 東夷 高麗傳).
賦稅則絹布及粟 隨其所有 量貧富差等輸之(『周書』 卷49 高麗傳).

51) 城中市價布一疋 租三十碩 或五十碩 民謂之聖代(『三國遺事』 卷1 紀異2 太宗春秋公).

52) 중국에서는 字意 상 匹과 疋을 구분한다. 匹은 『說文』에 '匹 四丈也'이지만 疋은 『小爾雅』에 '五尺謂之墨 倍墨謂之丈 倍丈謂之端 倍端謂之兩 倍兩謂之疋'이라 한다. 전자는 40丈을 1匹로 하지만, 후자는 80丈을 1疋로 한다.

53) 金載名, 「高麗時代 調의 收取와 그 性格」 『京畿史學』 2, 1998, 39~41쪽에서 고려시대에도 견직물 1필은 40자였다고 하고, 그 근거로 '五升布三疋買生絹卄四尺 又五疋買絹一疋 是至正己丑歲也 若鄕綿紬四十尺直五升布四疋而已 今則絹一疋 直布七十疋 綿紬四十尺 直三十疋 衣服安得如舊哉'(『牧隱詩藁』 卷30 錄婦言幷序)라는 기록을 들고 있다.

54) 判貢中布一匹折貢平布一匹十五尺 貢紵布一匹折貢平布二匹 貢緜紬一匹折貢平布二匹(『高麗史』 卷78 食貨1 貢賦 睿宗 9年 10月).

55) 『牧隱詩藁』 卷30 錄婦言幷序.

56) 『世宗實錄』 卷52 世宗 13年 4月 辛丑.

57) 世宗二十八年 定布帛尺 … 只以綿布爲貨 綿布三十五尺爲一疋(『增補文獻備考』 卷160 財用考7 附布帛).
吾東方不產金銀 本朝不行錢法 只以綿布爲貨 綿布三十五尺一疋(『大東野乘』, 謏聞瑣錄).
公私行用綿布 升數則五升 長則三十五尺 廣七寸以上(『大典續錄』, 戶典 雜令).

## 4) 金尺

앞에서 살펴본 척의 종류와는 다른 이질적인 金尺이 존재하고 있다. 금척에 대해서는 다음의 자료가 주목된다.

〈나〉

刑杖式(尺用金尺)(『高麗史』 권84 刑法1 名例)

자료에 의하면 刑杖, 즉 죄인을 심문할 때 쓰는 막대기를 만들 때에 金尺을 사용하였다는 것이다. 위의 자료는 無編年 기사이므로 金尺의 정확한 도입 시기는 알 수 없다. 다만 고려는 仁宗 4年(1126)에 金과 군신 관계를 맺으면서 사대하였는데,[58] 金尺은 이 이후에 받아들였을 것으로 추측된다. 白南雲은 이러한 金尺이 營造尺으로 사용되었다고 추측한 바 있고,[59] 呂恩暎은 금에서 隋·唐의 大·小尺이 법척으로 채택되었는데, 唐大尺은 이미 통일신라 이래 사용되어 온 것인 만큼 새로 수용된 금척은 小尺일 것이라고 하였다.[60]

그렇다면 12세기 이후 고려에 들어온 척인 金의 尺에 대해 살펴보자. 금의 소척에 대해서는 '송대 李照가 太府尺으로 음률을 정했는데, 그 후 范鎭 등이 李照가 만든 太府尺을 다시 사용하였는데, 그것은 後周의 鐵尺이다'라고[61] 한다. 그런데 唐의 小尺인 후주의 철척(24.578cm)은 音律의 교정 등 특수한 경우에만 사용되었고, 민간에서는 널리 사용되지 않은 소척류이다. 그리고 金에서는 '量田에서 營造尺으로 五尺을 步로 하고, 넓이 一步와 길이 二百四十步를 畝로 하고 百畝를 頃으로 한다'[62] 하여 營造尺이란 量田尺이 널리 사용되었다.

그러면 고려에 수용된 금의 척은 小尺일까 혹은 營造尺(= 大尺)일까? 먼저 그것은 금척을 수용하여 만든 형장식의 척과 중국에서 통용되던 형장식의 척, 및 조선시대 형장식의 척 등을 비교 검토함으로써 어느 정도 추정할 수 있다. 고려는 金尺으로 막대기의 길이가 5尺, 둘레는 9分에서 3分까지였다.[63] 조선은 營造尺으로 訊杖의 막대기의 길이가 3尺 3寸인데, 위의 지름은 7分이라는 것이다.[64] 당·송·원은 막대기의 길이가 3尺 5寸이라는 것이다.[65] 그런데 금의 경우는 刑杖의 척이 나타나지 않기 때문에 직접 비교할 수 없다. 다만 당·송·원의 경우는 형장척 길이의 변화가 없는 것으로 보아 동일한 척인, 당대 척류를 사용한 것으로 추측된다. 이에 비해 위의 자료에서 주목되는 것은 고려와 조선에서는 기준척이 변화됨으로써 척의 길이에 변화가 있었다는 것이다. 하지만 형장의 절대적 길이는 중국의 경우를 고려할 때 거의 변화가 없었던 것으로 여겨진다. 따라서 조선시대 營造尺을 金尺과 비교하여 고려에 통용된 金尺의 길이를 추측할 수 있다.

---

58) 召百官 議事金可否 皆言不可 獨李資謙拓俊京曰 金昔爲小國 事遼及我 今旣暴興滅遼與宋 政修强兵日以强大 又與我境壤相接勢不得不事 且以小事大先王之道 宜先遣使聘問 從之(『高麗史』 卷15 仁宗 4年 3月 辛卯).

59) 白南雲, 『朝鮮封建社會經濟史(上)』, 1937, 752쪽에서 金尺(周尺의 1척 2촌)의 용도를 영조척으로 보았다.

60) 呂恩暎, 「高麗時代의 量田制」 『嶠南史學』 2, 1986, 49~50쪽에서 白南雲의 논리를 보다 확대 발전시켜 金尺은 王莽 周尺(= 晉前尺, 23.1cm)의 1,064배 늘어난 隋唐의 小尺인 24.58cm로 파악하였다.

61) 明昌五年(1194) 詔用唐宋故事 置所 講議禮樂 有司謂 … 李照以太府尺制律 人習舊聽疑於太重 其後范鎭等論樂 復用李照所用太府尺 卽周隋所用鐵尺 牛弘等以謂近古合宜者也 今取見有樂 以唐初開元錢校其分寸亦同 則漢律所用指尺 殆與周隋唐所用之尺同矣 …(『金史』 卷39 樂上 雅樂).

62) 量田以營造尺 五尺爲步 闊一步 長二百四十步爲畝 百畝爲頃(『金史』 卷47 食貨2 田制).

63) 『高麗史』 卷84 刑法1 名例.

64) 『經國大典』 卷5 刑典 推斷.

65) 『新唐書』 卷56 刑法 ; 『宋史』 卷196 刑法1 ; 『元史』 卷103 刑法2.

조선 형장의 길이는 103.092cm(영조척의 길이는 약 30.8cm)이다. 중국 唐의 형장의 길이는 당대척을 29.5cm라고 한다면 공교롭게도 103.25cm와 비슷하다. 宋·元의 형장의 길이도 약간은 길지만 이와 유사하였다. 그러면 고려 형장의 길이는 조선과 唐·宋·元의 刑杖 길이를 고려할 때 그와 비슷할 것으로 추정된다. 金의 小尺은 약 24.5~6cm 내외이므로 고려 형장의 길이는 122.5cm 내외로 계산된다. 이러한 형장의 길이는 약간 차이가 있지만 宋·朝鮮 등과 비슷하다. 따라서 고려의 형장에 사용된 金尺은 隋·唐의 小尺을[66] 계승한 小尺임을 알 수 있다.

## 5) 長尺

장척은 李奎報에 의해 언급되고 난 이후 그 명칭은 나타나지 않는다. 長尺은 기존 척과 어떤 관계를 가지고 있는지를 살펴보자.

〈다〉

爾名長尺幾許長 蠖吾指而量 則纔尺有咫 名長實短 得無懸類 爾主人隴西子(『東國李相國集』 권19 長尺名)

자료에 의하면 長尺의 길이는 손가락을 구부려 헤아리면 겨우 척은 咫[67] 정도이다. 이름은 길지만 실제는 짧다는 것이다. 그런데 문제는 '纔尺有咫 名長實短'이란 구절을 어떻게 해석할 것인가이다. 당시 고려시대 통용되고 있던 營造尺은 약 31cm이다. 이러한 長尺은 고려 영조척과 비교할 때 8寸(咫)이므로 그 길이는 약 24.8cm이다. 이는 앞에서 설명한 金 小尺의 길이와 유사하다는 측면에서 주목된다. 그러면 이러한 長尺은 어떠한 척일까? 분명한 것은 고려에서 사용되어 왔던 척을 長尺이라고 부르지는 않았을 것이다. 그것은 기존의 척과 새로운 척을 서로 구별하려는 의도에서 長尺이라 불렀을 것이기 때문이다. 이러한 장척은 기존의 척과 다르면서 비슷한 시기에 도입된 金尺밖에 없다. 12세기 이후 금척이 수용되어 형장식에 사용되었다는 점을 고려할 때 금척과 고려에서 사용한 척을 비교하였을 가능성은 많다고 하겠다. 따라서 장척을 8寸이라고 한 것은 고려에 수용된 金 小尺의 길이를 암시하는 것이 아닐까 한다.

그러면 12세기 이후 소위 장척으로 불린 金尺의 길이는 어느 정도인지를 살펴보자. 앞에서 고려에 도입된 金尺은[68] 金의 小尺이라고 하였다. 금의 소척의 길이에 대해서는 周尺의 1尺 2寸이라는 입장과[69] 王莽 周尺(=23.1cm)의 1.064배 늘어난 隋·唐의 小尺(24.58cm)을 가리킨 것 같다고 하였다.[70] 李奎報는 이러한 금척의 크기를 '爾名長尺幾許長 蠖吾指而量 則纔尺有咫 名長實短'이 하여, 금척을 咫(8촌)에 불과하다고 하였다. 그런데 이러한 '8寸'은 기존 고려의 영조척(약 31cm)과 비교되었을 것이다. 이로 볼 때 금의 소척은 약 24.8cm 정도인 것으로 추측된다. 이러한 길이는 고려의 영조척이 정확하지 않지만 약 31cm라고 추론하여 산

---

66) 隋·唐은 기존의 小尺을 '1尺 2寸' 확대시켜 大尺을 만들어 사용하였다. 隋·唐의 小尺(약 24.5~6cm 전후)이라는 것은 隋唐의 大尺(약 29.5cm)이 사용되기 이전의 척도를 말하는 것이다.

67) 小泉袈裟勝, 「中國の尺度」 『單位の起源事典』, 東京書籍, 1992, 112쪽에서 '咫'는 『說文』에 "'보통 부인의 손 8寸을 咫라 말한다'고 한다. 이것은 손의 하단에서 中指의 앞까지로, 손의 길이이다. 『說文』에는 또 '周制 寸·尺·咫·尋'이 있지만, 척에 가까운 길이이었지만, 제도로 된 것은 아닐 것이다"고 하였다.

68) 刑杖式(尺用金尺)(『高麗史』 卷84 刑法1 名例).

69) 白南雲, 앞의 책, 1937.

70) 呂恩暎, 앞의 논문, 1986, 22쪽.

출하였기 때문에 약간의 오차는 있을 수 있다. 따라서 고려에 도입된 金尺은 小尺으로 약 24.8cm 전후인 것임을 알 수 있다.

이상에서 살펴본 것처럼 중국의 唐·宋代에 척의 분화가 이루어지지 않았던 점과 조선 초기 척의 교정 과정을 살펴볼 때 고려 전기의 척은 분화되지 않고 唐大尺을 營造尺, 布帛尺, 그리고 量田尺 등으로 공용하였다고 생각된다. 그러나 12세기 이후 指尺이 量田尺으로 사용됨으로써 量田尺과 營造尺(= 布帛尺) 등으로 분화되었고, 고려 말기에 이르러 布帛尺이 크게 늘어남으로써 조선 초기에 布帛尺이 새롭게 교정되게 되었고, 이에 따라 布帛尺과 營造尺이 완전히 분리되었다.

## 3. 양기의 단위와 부피

고려 양제의 단위 체계는 勺, 合, 升, 斗, 石(碩·斛) 등의 다섯 단계로 나타난다.[71] 이들의 상호관계는 10勺 = 1合, 10合 = 1升, 10升 = 1斗, 15斗 = 1石이었다. 고려시대 1石(斛)은 몇 斗였을까. 이에 대해서는 다음의 자료가 주목된다.

〈라〉

a－大司憲趙浚上書曰 … 太祖龍興卽位 三十有四日 迎見君臣 慨然嘆曰 近世暴斂 一頃之租 收至六石 民不聊生 予甚憫之 自今宜用什一 以田一負 出租三升(『高麗史』 권78 食貨1 田制 祿科田 辛禑 14年 7月)

b－判 公田租四分取一 水田 上等一結 租二(三)[72]石 十一斗二升五合五勺 中等一結 租二石十一斗二升五合 下等一結 租一石十一斗二升五合 … 旱田 上等一結 租二石三斗七升五合 中等一結 一石十一斗二升五合 下等一結 一石三斗七升五合 (『高麗史』 권78 食貨1 田制 租稅 成宗 11年)

자료 a)는 趙浚의 전제개혁을 논하는 내용 중 태조가 즉위 초에 조세의 수취가 과다하므로 이를 1/10租의 원칙에 입각하여 1負에 3升으로 시정하였다는 것이다. 따라서 고려는 100부 즉 1結은 300升, 즉 30斗 = 2石의 租가 수취되었으므로 1石 = 15斗의 관계를 가지고 있다. b)는 성종대의 공전의 수조식으로 상등전·중등전·하등전의 비율을 기록하고 있는데, 한전의 경우 약 7.5두의 비율로 체감되고 있다. 따라서 고려 성종대의 1석은 15두임을 알 수 있다. 따라서 위의 자료를 종합적으로 살펴볼 때 고려시대 1석은 15두임을 알 수 있다.

이처럼 고려시대는 1석 = 15두가 국가적인 양의 체계였다. 하지만 통일신라시대처럼 1석 = 20두가 사용되었을 가능성은 없었을까? 이에 대해서는 태종 17년 근래 繕工監에서 正炭을 수취하는데, 15두 혹은 20두가 사용되고 있다는 것이고,[73] 世宗 28年(1446)에 新營造尺으로 斛·斗·升·合을 更定하였는데, 斛(石)의 단위 양기로 20두와 15두를 각각 제정하였다는 것이다.[74] 이는 太宗 17年(1417) 이전에 1석 = 15두(平石)와 1석 = 20두(全石)가 존재하였음을 암시한다. 따라서 세종 28년은 조선 초기 이래

71) 『高麗史』 卷78 食貨1 田制 租稅 成宗 11年.
五兩之制 躍於龠 合於合 登於升 聚於斗 角於斛 于以量度物之多寡(『高麗圖經』 卷40 權量).

72) 公田租 水田 上等田의 '2石 11斗 2升 5合 5勺'은 中等田의 수취 규정과 동일하므로 '3石 11斗 2升 5合 5勺'이 정확하다고 생각된다.

73) 『太宗實錄』 卷34 太宗 17年 11月 丙辰.

74) 『世宗實錄』 卷134 世宗 28年 9月 壬辰.

사용되어 온 15두와 20두의 용적을 새롭게 경정한 것에 불과하므로 평석과 전석으로 각각 제도화하였다.[75]

이러한 1石 = 20斗는 아마도 고려시대 공식적 양기의 단위 체계는 아니었다. 그런데 조선 초기에는 1석 = 15두와 20두가 함께 사용되고 있었다. 이를 어떻게 이해하여야 할까? 그것은 아마도 통일신라시대에 사용된 1석 = 20두의 양의 체계가 나말여초의 어느 시기에 1석 = 15두의 양의 체계로 통일되면서 1석 = 20두의 양의 체계가 완전하게 사라지지 않고, 오히려 유제가 민간에서 사용되었던 것은 아니었을까? 즉 고려 국가의 공적인 양의 체계와는 별도의 단위 체계가 존재하였다는 것이다. 양기 운용은 고려정부에서 사사로이 저울과 말을 만들어 저자에서 사용케 한 자나,[76] 秤斗尺度를 써서 관물을 출납할 때 공평하지 않게 하는 자에게 규제를 하였다.[77] 그러나 고려 정부의 이러한 규제는 잘 지켜지지 않은 것으로 보인다. 따라서 고려 후기 양기의 운용은 법제적 1석 15두뿐만 아니라 20두도 사용될 수 있는 기반이 되었다. 이는 조선 초기 양제의 운용에도 영향을 주었을 뿐만 아니라 조선 초기 양제가 새롭게 제정되는 배경이 되었을 것이다.

고려시대 1승의 부피는 어느 정도일까. 고려시대 升·斗의 용적을 기록하고 있는 구체적인 자료는 없다. 다만 양기의 용적을 추정하기 위해서는 다음의 사료가 주목된다.

〈마〉

內外官斛長廣高方酌定　米斛則長廣高各一尺二寸　稗租斛長廣高各一尺四寸五分　末醬斛長廣高各一尺三寸九分　太小豆斛長廣高各一尺九分(『高麗史』 권84 刑法1 職制 文宗 7年)

위의 자료는 문종 7년에 내외관곡을 작정하였는데, 米斛은 길이·넓이·높이가 1尺 2寸이고, 稗租斛은 각각 1尺 4寸 5分이고, 末醬斛은 1尺 3寸 9分이고, 大小豆斛은 각각 1尺 9分이라는 것이다. 이들의 용적비를 구하면 다음의 〈표 3〉과 같다.

〈표 3〉 고려시대 穀種別 용적비

| 곡　종 | 용 적 (分$^3$) | 용 적 비 |
|---|---|---|
| 米　斛 | 1,728,000 | 4(1) |
| 大小豆斛 | 1,295,029 | 3(0.75) |
| 稗 租 斛 | 3,048,625 | 7(1.76) |
| 末 醬 斛 | 2,685,619 | 6(1.55) |

이와 같이 곡물의 용적을 달리 설정한 것은 米斛 1斛에 대한 가격차를 고려한 것으로 생각된다.[78] 문제는 米斛이 大小豆斛의 가격보다 낮게 책정되었다는 점이다. 조선 초기만 하여도 水田의 糙米와 旱田의 黃豆의 소출을 논한다면 비슷하지만 가격은

75) 諸司諸邑度量衡本曹制造 … 私處所造 每歲秋分日 京平市署 外巨鎭平校並烙印 … 量之制十勺爲合 十合爲升 十升爲斗 十五斗爲小斛砰 二十斗爲大斛石全(『經國大典』 卷6 工典 度量衡).

76) 私作枰斗在市執用有增減者 一尺杖六十 …(『高麗史』 卷85 刑法2 禁令).

77) 用枰斗尺度 出入官物不平入已者 一尺杖六十 … 有增減者坐贓論(『高麗史』 卷85 刑法2 禁令).

78) 朴興秀, 앞의 논문, 1977, 228~230쪽과 呂恩暎, 앞의 논문, 1987, 24~26쪽에서는 각 곡물별 가격을 통일시켜 용적비를 달리 설정한 것이라고 한다. 李宇泰는 앞의 논문, 1993, 227쪽에서 이처럼 여러 종류의 양기가 사용된 것은 異積同價體制를 묶어 놓기 위한 것이 아니고, 당시의 도량형제의 문란으로 인해 여러 종류의 양기가 쓰이던 관행을 인정한 것이라고 보았다.

그 절반이라고 한다.79) 따라서 고려 대소두곡과 미곡의 용적 비율도 중국과 비슷한 비율일 것이므로 大小豆斛의 '1尺 9分'은 '1尺 □寸 9分'의 오기이거나 혹은 대소두곡을 2배의 양으로 환산할 수 있다. 그러면 전자나 후자 모두 개연성이 있다. 그러면 米穀 1을 기준으로 다른 곡물들처럼 1.5배와 1.66배의 비율로 계산되고, 中國『九章算術』의 미곡과 타 穀種의 용적비와 비슷하다. 따라서 대소두곡의 1尺 9分은 1尺 3寸 9分으로 하면, 미곡의 1.5배 양이고, 또 말장곡 양과 비슷하다는 점이 주목된다. 그리고 곡물의 기록 순서 등을 고려할 때 米穀이 중심이 되고 여타 곡물을 미곡과 비교하였을 것이다. 따라서 곡두식은 米穀의 石(斛)을 기준으로 여타 곡물의 가격에 따라 그 비율을 책정한 것이다.80) 실제 무신정권 때 京市署 등에서 斗斛의 市價를 정하였는데,81) 이 때에도 米穀을 기준으로 시가를 정했을 것이다.

그렇다면 文宗 斛斗式을 통해 미 1석을 기준으로 승의 면적을 구할 수 없을까? 고려는 斛 = 石이라는 기본적인 등식이었다. 기준이 되는 미곡의 1석은 길이·넓이·높이가 각각 1척 2촌이라면, 기준척을 당대척(29.7cm)을 영조척으로82) 계산하면 1석은 45,270.2714㎖(1승 = 301.8㎖)으로 계산된다. 고려 전기 1승은 302㎖로 추정할 수 있다.83) 그러나 앞 절에서 검토한 것처럼 고려시대 영조척은 당대척(29.7cm)에서 신장된 약 31cm의 기준척이 사용되었다고 하였다. 이를 통한 1승의 용적은 343.19㎖라고 할 수 있다. 그렇다면 고려시대 1승은 약 340㎖를 크게 벗어나지 않을 것으로 추정된다.

고려시대 1승의 부피는 언제 변화되었을까? 다음의 자료를 통해 그 변화를 추론할 수밖에 없다.

〈바〉

a - 命有司定權衡平斗量(『高麗史』 권6 靖宗 6年 2月 壬子)

b - 判每年春秋 平校公私枰斛斗升平木長木 外官則令東西京四都護八牧掌之(『高麗史』 권84 刑法1 職制 靖宗 12年)

자료 a)는 고려 초기에 사용되던 量·衡의 용적을 靖宗 6年(1040)에 새롭게 제정케 하였다는 것이다. 이렇게 靖宗代에 量衡의 제정을 지시하게 된 배경은 이전에 사용되던 量·衡의 용적·중량이 동일하지 않거나, 혹은 후삼국 통일 이후 생산력의 증대나 안정으로 量·衡체계를 새롭게 증대시키거나 안정시킬 목적이었을 것이다. 따라서 靖宗 6年(1040)에는 量制가 정리되었을 것으로 추측된다. 그리고 자료 b)는 매년 봄과 가을에 公私의 秤·斛·斗·升과 장목과 평목을 공평하게 교정하는데, 외관은 동·서경, 도호부, 8목의 계수관으로 하여금 이를 관장케 하라는 것이다. 이는 靖宗 6년(1040) 양기의 개편 이후 양제를 점검함으로써 양기의 불법적인 운용을 막기위한 조처로 생각된다. 따라서 1승의 부피는 고려 전기 靖宗 6年에 변화가 있었다고 추측된다.

---

79) 旱田水田準等與差等之議 或者曰 水田旱田雖曰每結三十斗 然水田則糙米 旱田則黃豆 黃豆三十斗折糙米十五斗 則水田旱田租相去遠矣 旱田一等復下 水田一等未便 依舊旱田水田 準登未便 或者曰 損失之時 水田之實爲多 旱田則全損頗多 故民無怨焉 貢法已行之後 旱田水田同科 故山郡之民 州倉未納者尙多 況水田陳者 十無一二 旱田則陳荒者甚多 以此亦可見旱田之不及水田明矣 若論其價 黃豆半於糙米 若論所出 黃豆與糙米 其實則同也(『世宗實錄』 卷104 世宗 26年 6月 甲申).

80) 小泉袈裟勝, 『度量衡の歷史』, 1960, 14~16쪽에서 미, 조, 기장 등을 징수하기 위해서는 그 가격차를 기계적으로 조정하기 때문에 각각 용량이 다른 양기를 사용하였을 것이다. 곡물의 종류에 의해 다른 양기를 사용하는 관습은 시중의 상행위로도 행해졌다고 하였다.

81) 『高麗史』 卷85 刑法2 禁令 明宗 11年 7月.
『高麗史』 卷20 明宗 11年 7月 己卯.

82) 당대척을 기준척으로 설정한 것은 이미 통일신라시대에 영조척으로 사용된 사례가 많이 나타났기 때문에 이용한 것이다(米田美代治 申榮勳 譯, 『韓國上代建築의 硏究』, 1976).

83) 朴興秀, 앞의 논문, 1977에서는 송대와 같이 斛 = 1/2石이라는 등식 하에서 고려 전기의 1승을 약 597.52㎖로 파악하였다. 이를 통해 통일신라시대도 1승의 용량을 아울러 추정하였다. 그러나 고려시대는 石 = 斛이었기 때문에 朴興秀의 1승의 용량은 과다 계산되었다고 할 수 있다.

고려시대 1승의 용적이 약 340㎖였다면 조선 전기 1승의 용적은 어떻게 변화되었는지를 살펴보자. 원 간섭기 元 石과 고려 石은 2:1의 비율을 가지고 있기 때문에 원의 승[84]과 고려의 승은 약 1/3의 용적 차이가 있다.[85] 이는 고려 13세기 말의 1승과 조선 전기 1승의 용적과는 많은 차이가 있음을 알 수 있다. 다음의 자료는 조선 전기 1승의 용적을 이해할 수 있다는 측면에서 주목된다.

〈사〉

議政府據戶曹呈啓 請以新營造尺 更定斛斗升合體制 斛容二十斗者 長二尺 廣一尺一寸二分 深一尺七寸五分 積三千九百二十寸 容十五斗者 長二尺 廣一尺 深一尺四寸七分 積二千九百四十寸 斗長七寸 廣七寸 深四寸 積一百九十六寸 升長四寸九分 廣二寸 深二寸 積十九寸六分 合長二寸 廣七分 深七寸四分 積一寸九分六里 從之(『世宗實錄』 권113 世宗 28年 9月 壬辰)

위의 자료는 세종 28년 의정부에 호조의 呈啓에 의거하여 新營造尺으로 곡두승합의 용적을 새롭게 정할 것을 청하자 따랐다는 것이다. 호조의 정계의 내용이 어떤 것인지는 알 수 없지만 호조에서 의정부에 정계를 올리고, 이를 의정부에서 수용하여 곡두승합의 경정을 청하였다는 점이 주목된다. 그런데 문제는 세종 28년 9월에 뚜렷한 이유 없이 양기의 용적을 증대하였는가 하는 점이다.

조선 전기 1승의 용적은 세종 28년에 변화되었다. 1승의 용적은 앞의 곡두승합의 경정에 따라 정리할 수 있다. 세종 28년의 신영조척은 앞에서 검토한 것처럼 정확한 것은 아니지만 약 30.8cm 정도였다고 하였다. 이를 통한 양기의 용적은 아래의 〈표 4〉와 같이 정리할 수 있다. 실제 세종 28년 이후에 경정된 1승의 용적은 이러한 범위를 크게 벗어나지 않을 것이다. 조선 전기 세종 28년 1승의 용적은 약 0.57ℓ 정도일 것으로 추산된다. 이는 오늘날 1승의 용적과 비교하여 볼 때 약 1/3 정도 크기에 해당한다.

이상에서 살펴본 것처럼 고려시대 양기의 단위 용적은 통일신라 때보다 약 70% 정도 증가되었고, 또 조선 초기는 고려 때보다 약 100%에 가까운 증가가 있었음을 알 수 있다. 이러한 양기의 증가 현상은 중국의 경우도 마찬가지였다.[86]

〈표 4〉 조선 전기 量器의 단위 용적

| 단위 양기명 | 길이(寸) | 너비(寸) | 깊이(寸) | $寸^3$ | ㎖ | ℓ | 비고 |
|---|---|---|---|---|---|---|---|
| 合 | 2.00 | 0.70 | 1.40 | 1.96 | 57.2657 | 0.05726 | |
| 升 | 4.90 | 2.00 | 2.00 | 19.6 | 572.675 | 0.5726 | |
| 斗 | 7.00 | 7.00 | 4.00 | 196 | 5726.75 | 5.726 | |
| 小斛(平石) | 20.00 | 10.00 | 14.70 | 2940 | 85,901.25 | 85.89 | 15斗 |
| 大斛(全石) | 20.00 | 11.20 | 17.50 | 3920 | 114,535.00 | 114.52 | 20斗 |

84) 원의 1승의 용적에 대해서는 약 838㎖로 파악하는 견해(丘光明, 『中國度量衡』, 新華出版社, 1993)와 약 954㎖로 파악하는 견해(吳承洛, 『中國度量衡史』, 1937) 등이 있다.

85) 李宗峯, 앞의 논문, 1998.

86) 梁方中, 「中國歷代度量衡之變遷及其時代特徵」 『中國人民大學 復印輯刊資料』, 1980-3에서 중국의 경우도 도량형 중에서 量의 증가율이 가장 크고, 衡이 그 다음이고, 度가 그 다음이라고 한다. 양의 증가율이 가장 큰 이유는 첫째, 양기의 대소를 판정하기 가장 어렵고, 둘째, 척도가 눈과 손발에 의거해서 적당한 판정을 할 수 있는 것과 다르기 때문이고, 그리고 가장 기본적인 이유는 중국의 경우 田賻와 地租에서 징수하는 것이 농작물이기 때문이라고 하였다.

## 4. 저울의 단위와 무게

저울의 유물은 삼국시대 석추, 거푸집, 통일신라시대 청동제 12지상추 등을 비롯하여 고려 후기 원에서 도입된 것으로 추정되는 저울추 등이 현재 전해오고 있다.[87] 그리고 동국대학교 소장의 고려시대 寶篋印石塔 拓本에서 저울을 다는 장면 등이 나타나고 있다.[88] 이로 보아 저울은 고려시대에 널리 사용되었음을 알 수 있다. 그러나 저울의 단위와 무게를 알 수 있는 유물과 자료는 존재하지 않는다. 따라서 고려시대의 저울에 대해 그 실상을 파악하기 대단히 어렵다.

먼저 고려시대 저울은 '斤'을 단위로 사용하였고, '斤'의 하부 단위로 '兩'이 사용되었다. 兩과 斤의 관계는 중국의 『漢書』 율력지에 1斤 = 16兩의 체계였다. 고려는 忠宣王 원년(1309) 2월 鹽 전매제에 대비하여 관청에서 소금을 구입하는데, 소금값으로 銀 1斤에 64石, 銀 1兩에 4石, 布 1匹에 2石으로 하는 것을 例로 삼는다는 것이다.[89] 즉 銀 1兩에 4石이므로 1斤은 64石이다. 1근은 16兩 체계였음을 알 수 있다. 따라서 고려시대의 斤·兩 체계는 중국 1斤 = 16兩의 경우처럼 1근 = 16량이었다.

저울의 단위 무게는 신라 35대왕인 景德王(742-765)이 父王인 聖德王의 공덕을 기리고, 중대 왕실과 국가의 번영을 기원하는 목적에서 신종을 조성하였는데, 경덕왕 때 계획하여 惠恭王 7년(771)에 완성된 종이다. 그런데 이 종을 주조하는 데 구리 약 12萬斤을 사용하였다는 것이다. 따라서 종의 정확한 무게만 측정할 수 있으면 통일신라 8세기 단계의 1근의 단위 중량을 측정할 수 있다는 점에서 중요한 자료이다. 종의 무게는 무엇에 근거하여 추정하였는지는 알 수 없지만, 이미 18,750kg으로 추정한 바 있다. 그리하여 1근은 195g으로 추정하였다.[90] 그런데 1근의 중량인 195g을 어떻게 산출하였는지 의문스럽다.

그런데 1997년 8월 11일 오후 2시 국립 경주박물관 정원 종각에서 우리나라 저울 업체인 '(주)카스'가 聖德大王神鐘을 측정한 바 있다. 이때 측정된 종의 무게는 약 18,900kg이었다. 이를 통한 1근은 약 158g으로 추산된다. 이러한 1근은 중국의 한나라 1근의 중량과 비교해도 너무 적은 중량이다. 그런데 聖德大王神鐘에 기록된 12만 근의 중량은 聖德大王神鐘의 전체 중량을 나타내는 것이 아니라 종을 주조하기 위해 모은 銅 등의 무게를 나타내는 것으로 추정된다. 때문에, 실제 神鐘의 현 중량과 12만 근은 많은 차이가 날 수밖에 없다. 고대사회에서는 주조 단계에서 준비한 銅과 주조한 이후에 실제 중량과 어느 정도 차가 발생하는지는 정확하게 알 수 없지만, 고려시대의 중량 기록과 실제 무게와의 비율을 고려할 때 그렇게 많은 차이가 나지 않았음을 알 수 있다. 鑄造 과정에서 발생되는 손실을 고려하면 통일신라 8세기 1근의 중량은 중국 漢의 중량을 고려할 때 약 200g 내외인 것으로 추산된다. 따라서 통일신라의 1근의 단위 중량은 漢代의 중량과 유사하였음을 알 수 있다.

고려시대의 중량제도는 어떻게 변화되었을까? 고려 전기에 중량제도가 정비되었다는 다음의 자료를 통해 그 변화를 추론할 수밖에 없다. 앞의 양제에서도 언급한 것처럼 고려 초기 이후 사용하던 저울의 무게를 靖宗 6年(1040)에 새롭게 제정하였다.[91] 이렇게 靖宗代에 量衡의 제정을 지시하게 된 배경은 이전에 사용되던 저울의 중량이 동일하지 않거나, 혹은 후삼국 통일 이후 생산력의 증대나 안정으로 저울의 체계를 새롭게 증대시키거나 안정시킬 목적이었을 것이다. 따라서 靖宗 6年(1040)에는 왕의 명령이 있었던 것으로 보아 어떠한 형태로든지 한번 衡制가 정리되었을 것으로 추측된다. 이를 바탕으로 정종 12년부터 매년

87) 국립민속박물관, 『한국의 도량형』, 1997, 144~148쪽.

88) 국립민속박물관, 위의 책, 143쪽.

89) 『高麗史』 卷79 食貨2 鹽法 忠宣王 元年 2月.

90) 『韓國古代金石文(3)』, 385쪽의 주) 31번에서 이때의 1근은 당나라 때 사용된 大·小斤 가운데 小斤으로서 대략 195g으로 추산된다. 이는 현재 1근(600g)의 1/3에 해당한다고 하였다.

91) 『高麗史』 卷6 靖宗 6年 2月 壬子.

봄과 가을에 公私의 秤·斛·斗·升과 장목과 평목을 공평하게 교정하는데, 외관은 동·서경, 도호부, 8목의 계수관으로 하여금 이를 관장케 하였다.[92] 이는 靖宗 6년(1040) 衡制개편 이후 衡制를 점검함으로써 저울의 불법적인 운용을 막기 위한 조처로 생각된다. 따라서 衡制는 고려 전기 靖宗 6年에 量制와 함께 그 단위 중량에 변화가 있었다.

고려 전기 단위 중량의 정비는 중국 당송대의 단위 중량을 고려할 때 8세기 단계보다 증가되었을 것으로 생각된다. 따라서 고려시대 유물들의 측정을 통해 단위 중량을 검토할 수밖에 없다. 다음의 자료들은 유물에 단위 중량이 기록되어 있고 또한 실제 유물이 현존하고 있으므로 중량의 단위를 파악하는 데 근거가 될 수 있다는 측면에서 주목된다. 이를 〈표〉로 작성하면 다음과 같다.

〈표 5〉 통일신라 및 고려시대 鐘의 단위 중량

| 조성 시기 | 기록 중량(A) | 측정(B)g | B/A(g) |
|---|---|---|---|
| 大曆 6年(惠恭王 7年, 771)聖德大王神鐘 | 銅 12萬斤 | 약18,900,000 | 158 |
| 貞祐 4年(高宗 3年, 1216)銘高麗銅鐘 | 壹口 300斤 | 189,500 | 631 |
| 己丑銘(高宗 19年, 1229)小鐘 | 入重 5斤 | 약 3,300 | 660 |
| 己巳銘尙州安水寺鐘(고려시대) | 重 40斤 | 약 17,100 | 428 |
| 戊戌銘銅鐘(고려시대) | 入重 50斤 | 약 28,000 | 560 |
| 己酉銘五聖寺小鐘(고려시대) | 入重20兩(?) | 1,137 | 910 |
| 甲午銘金鍵(고려시대) | 入中 6斤 | 약 3,500 | 583 |

〈표 6〉 고려시대 禁口·飯子 기타의 단위 중량

| 조성 시기 | 기록 중량(A) | 측정(B)g | B/A(g) |
|---|---|---|---|
| 大安 7年(宣宗 8年, 1091)銘金仁寺絆子 | 重 20斤 | 약 10,900 | 545 |
| 皇統 3年(仁宗 21年, 1143)銘德山寺禁口 | 入重 伍斤 | 약 3,900 | 780 |
| 咸雍 3年(文宗 21年, 1067)青銅甘露樽 | 重 30斤 | 약 14,400 | 483 |
| 大正 17年(明宗 7年, 1177)含銀香垸 | 重 8斤 | 약 5,500 | 688 |
| 泰和 2年(神宗 5年, 1202)蒲溪寺盤子 | 重 10斤 | 4,783 | 478 |
| 泰和 7年(熙宗 3年, 1207)資福寺鉡子 | 入重 10斤 | 4,500 | 450 |
| 貞祐 12年(高宗 11年, 1224)銘飯子 | 入重 11斤 | 5,950 | 541 |
| 壬子(高宗 39年, 1252)銘飯子 | 入重60餘斤 | 약 32,000 | 533 |
| 至正11年(恭愍王 即位年, 1351)銘飯子 | 入重 33斤 | 5,900 | 179 |
| 己巳銘(고려시대)銘飯子 | 入重13斤8兩 | 7,750 | 574 |

92) 『高麗史』 卷84 刑法1 職制 靖宗 12年.

| 조성 시기 | 기록 중량(A) | 측정(B)g | B/A(g) |
|---|---|---|---|
| 丁亥銘(고려시대)青銅制飯子 | 入重 25斤 | 약 14,500 | 580 |
| 乙酉銘華嚴寺半子(고려시대) | 重 30斤 | 약 12,500 | 417 |
| 甲午銘金鍵(고려시대) | 入中 6斤 | 약 3,500 | 583 |

위의 〈표 5〉·〈표 6〉을 통해 다음과 같은 결론을 유추할 수 있다. 첫째 고려시대 각 유물의 銘文 중량과 측정 중량을 통해 얻은 1근의 중량은 대략 400~500g 내외임을 알 수 있다. 1斤의 단위 중량은 위 〈표 5〉·〈표 6〉의 평균치보다 약간 많았을 것으로 생각된다. 따라서 고려시대에 조성된 전체 유물(飯子·小鐘·香垸 등)의 기록과 중량 측정을 통해 검토한 것은 아니지만 고려시대 1근의 단위 중량은 약 600g 내외였음을 추측할 수 있다. 이러한 1근의 중량 단위는 唐·宋·元의 1근 중량과 비슷하고, 또한 통일신라 8세기 聖德大王神鐘 단계의 중량보다 약 3배가 증가되었음을 알 수 있다.

조선 전기 1근의 중량은 어느 정도였을까? 다음의 『경국대전』에 중량의 단위를 파악할 수 있는 자료가 주목된다. 『經國大典』에 의하면 '물의 중량 88分'을 이용하여 중량을 체계화하였다고 한다.[93] 따라서 조선 전기의 중량 체계는 고려시대의 중량과 비교하여 볼 때 큰 변화가 없었음을 알 수 있다.[94]

이상에서 검토한 것처럼 고려시대의 저울의 단위 체계는 斤 = 16兩을 중심으로 사용되었다. 斤의 단위 중량은 통일신라시대에 약 200g 내외로 사용되었고, 고려시대에 약 600g 내외로 변동되었다. 이러한 단위 중량은 조선 전기에도 큰 변화가 없었음을 알 수 있다.

## 5. 맺음말

이상에서 고려시대 도량형과 그 의미를 살펴보았는데, 요약·정리하면서 맺음말에 대신하고자 한다.

고려 전기 이전의 척은 조선 초기처럼 다양한 척의 종류가 존재하였다기보다는 중국의 唐·宋처럼 하나의 기준척을 여러 형태의 기본 척(唐大尺 = 量田尺·布帛尺·營造尺)으로 사용하였다. 반면 12세기 이후에는 金의 小尺이 刑杖尺으로 수용되었고, 새로운 양전척인 指尺이 隨等異尺으로 사용됨으로써 척이 指尺·唐大尺(= 布帛尺·布帛尺) 등으로 점차 분화되었다.

양기의 체계는 勺, 合, 升, 斗, 石의 5단계였다. 고려는 중국과 같이 斗 이하는 10진법의 체계이나, 斗와 石의 관계는 십진법이 아니라 1石 = 15斗였다. 그러나 1石 = 20斗는 고려 전기 국가의 공식적 제도에서 사라졌지만 고려 후기 수취 제도의 혼란으로 민간에서 다시 사용되게 되어 조선 초기에 1石 = 20斗의 全石으로 발전하였다.

고려시대 1승의 부피는 文宗 7年 斛斗式을 통해 약 340㎖ 내외로 추정된다. 즉 고려시대 1승의 용적은 통일신라보다 70%가 증가되었다. 이러한 용적은 『鷄林類事』·『世宗實錄』 등에서 중국 宋代의 1승 용적과 우리나라의 1승 용적을 기록한 용적 비율

93) 『經國大典』 卷6 工典 度量衡.
94) 李宗峯, 앞의 책, 2001.

과 비슷하다는 점에서 신빙성이 높다. 그러나 통일신라시대 1승의 부피는 나말여초를 거치면서 서서히 변화되어 갔다. 그것은 羅末 지배 세력의 수탈에 의한 양제의 문란과 농업 기술의 발달에 의한 생산력의 증대에 비롯한 것이었다. 따라서 통일신라시대 1승의 용적은 靖宗 6年의 도량형의 제정 명령과 靖宗 12年 매년 봄 가을에 양기를 검사하여 조세 수취에 이용토록 한 점을 고려 할 때 정종 6년에 변동되었음을 알 수 있다. 이에 따라 文宗代에는 靖宗代 양기제정을 기반으로 미곡을 기준하여 다른 곡물의 가격을 산정하였다.

저울의 단위 체계는 '斤·兩'을 중심으로 사용되었고, 양자의 관계는 1斤=16兩이었다. 통일신라 8세기 단계에 聖德大王神鐘을 구리 12万斤으로 제작하였는데, 현재 신종의 총 중량은 약 18.9톤이다. 1근의 중량은 근사치가 중국 漢代의 중량 단위와 비슷하다. 따라서 통일신라시대 1근의 중량은 漢代처럼 약 200g 내외인 것으로 추측된다. 이러한 중량 단위는 나말여초기에 변화되기 시작하여, 고려 靖宗 6年에 양제와 함께 1근의 단위 중량도 크게 증가된 것으로 추측된다. 그것은 정종대 이후에 제작된 여러 유물인 飯子·禁口 등의 중량을 측정하여 볼 때 근사치가 중국 隋·唐·宋代와 비슷하게 나타난다. 따라서 고려시대 1근의 중량은 약 600g 내외인 것으로 추측된다. 이러한 단위 중량은 조선 전기까지 커다란 변화 없이 계속 유지되었다.

# 조선시대 도량형의 제작과 활용

염정섭(한림대 사학과)



## 1. 머리말

조선시대를 비롯한 전근대 시기에 관청 또는 백성들은 공적으로 또는 사적으로 度量衡을 제작하여 활용하였다. 부세 수취나, 상품거래, 일상생활에서 필수불가결한 요소였던 度量衡은 길이, 부피, 무게를 재는 단위일 뿐만 아니라 용기 등을 모두 합하여 가리키는 말이었다. 길이를 재는 자(尺), 부피를 재는 되(升)나 말(斗), 무게를 다는 저울(秤)과 저울대(衡) 등은 도량형을 재는 기구 즉 度量衡器일 뿐만 아니라 길이·부피·무게를 표시하는 각종 단위로 이해되고 있었다.

도량형은 조선 국가를 운영하는 제도의 기본이고, 국가의 중요한 수입원인 조세제도의 기준이었다. 또한 지배층과 피지배층의 일상생활을 꾸려나갈 때 기준이 되었다. 특히 각종 상품의 거래에 도량형 사용이 필수적이었다. 따라서 왕조의 경제 기반을 정비하고 통제하기 위해서는 도량형의 통일이 필요하였다.

전세계 역사에서 최초의 도량형은 대부분 사람 몸의 일부분을 기준으로 사용하는 것이었다. 이 점은 한자 가운데 尺이라는 글자가 손을 펼쳐서 물건을 재는 모습을 형상화한 상형문자라는 점에서 잘 알 수 있다. 신체 일부의 크기를 기준으로 길이의 척도를 만들거나, 사람이 들어올릴 수 있는 무게를 기준으로 중량의 단위를 만들었다. 의식주 등에 필요한 물건들의 크기와 양을 가늠하기 위해 인체의 일부분의 치수를 사용한 것이었다. 예를 들어 성인 남자의 손가락 한 마디의 길이를 寸, 손바닥의 길이를 尺, 한 걸음을 步, 한 줌을 合, 한 웅큼을 升라고 하였다. 신체의 일부분을 이용하여 길이와 부피를 재는 것은 사람마다 달라지기 때문에 변하지 않는 길이, 부피, 무게의 표준을 분명하게 정하는 것이 필요하였다. 이러한 필요에 따라 律管의 길이를 이용하는 방법 등을 개발하여 국가에서 길이 · 부피 · 무게의 표준으로 도량형을 정해놓았다.

도량형은 크게 보아 국가 문물제도의 기본이며 국가의 중요한 수입원인 조세제도의 기준일 뿐만 아니라 국민 경제 생활의 기준이 되기도 하였다. 또한 도량형은 하늘의 명(天命)을 받은 왕권의 상징이기도 하였다. 그리고 민간에서도 토지 면적의 측량이나 각종 상품의 거래에 도량형의 사용이 필수적이었다. 따라서 도량형과 연관된 조선시대의 역사상을 살펴볼 필요가 있다.

조선시대에 관청과 민간에서 제작 활용한 도량형에 대해서는 그동안 여러 연구가 이루어졌다.[1] 조선 전기의 경우 박홍수는 尺에 대한 연구를 수행하여 조선 전기 黃鍾尺, 周尺, 布帛尺, 營造尺, 造禮器尺 등의 길이 교정 작업 경과를 밝혔다.[2] 그리고 남문현은 자격루의 역사를 재조명하면서 周尺을 집중적으로 파헤쳐 여러 도본과 실물을 정밀 계측하였다. 그리하여 周尺과 營造尺의 길이를 약 20.7cm, 30.8cm라고 추정하는 연구 결과를 발표하였다.[3] 또한 이종봉은 조선 전기 척에 대한 연구를 고려시대 도량형 연구의 후속으로 진행하였다.[4]

조선 후기를 다룬 연구 성과도 찾아볼 수 있다. 하원호는 조선 후기 도량형의 문란은 관변과 민변에서 이루어졌음을 설명하면서, 이를 상품 화폐경제의 발전에 따른 필연적인 결과였지만 나름대로의 고유한 법칙성이 존재하였고, 전국적 시장권의 형성과 더불어 표준화의 방향으로 진행되고 있었다고 결론을 내렸다.[5] 그리고 이종봉은 조선 전기의 도량형과 조선 후기의 도량형의 변화, 즉 제도와 양식에 어떤 변화가 있었는지 검토하고, 도량형 운용 과정상의 변화들은 조선 후기 사회경제적 변화와 일정한 연관을 가지고 있다는 점을 밝혔다.[6] 이외에 많은 연구자들이 조선시대 도량형의 크기, 제도, 변천, 문란 양상 등을 집중적으로 조명하고 있다.

위에서 대략 살펴본 조선시대 도량형에 관련된 많은 연구 성과를 바탕으로 세종대 제정된 도량형의 크기에 대한 상세한 정보를 확보할 수 있었다. 발표자는 여기에서 조선시대 도량형의 실제 크기를 조사한 선행 연구를 바탕으로 도량형의 제작과 활용이라는 측면을 정리해 보고자 한다. 먼저 조선시대 도량형의 제작은 관청뿐만 아니라 민간에서도 이루어지고 있었다. 이 과정에서 주목되는 점은 바로 국가의 공권력을 통한 도량형 정비, 관리, 감독이 꾸준하게 수행되고 있다는 점이다. 즉 관청과 민간에서 도량형을 제작하여 활용할 때 국가 공권력의 개입이 필수적으로 이루어지고 있었다.

다음으로 도량형의 실물 크기에 대한 연구에서 한 걸음 나아가 실제 활용 양상에 대한 측면을 살펴보려고 한다. 도량형의 활용은 부세 수취, 상품거래, 일상생활 등 다방면에서 이루어졌다. 그 가운데 길이 가운데 周尺과 관련된 測雨器 제작과 활용, 그리고 水標의 설치와 의의, 量田을 위해 만들어진 量田尺의 단일화와 甲戌尺의 활용 등을 살펴보면서 도량형의 의의를 따져볼 수 있을 것이다. 다만 부피에 관련된 부분으로 斗升의 크기 문제, 그리고 무게에 관련된 부분으로 금속, 동전의 경우, 피륙, 솜 등과 약재 등의 경우를 살펴보려고 하였지만 여의치 않아 본 발표에서는 빠지게 되었다.

---

1) 이종봉, 「조선후기 도량형제 연구」『역사와 경계』53, 2004, 42~43쪽.
2) 박홍수, 「朝鮮前期의 度量衡」『한국사 24-조선전기의 경제구조』, 국사편찬위원회, 1994.
3) 남문현, 『한국의 물시계』, 건국대학교 출판부, 1995, 271~304쪽.
4) 李宗峯, 「朝鮮前期 度量衡制 硏究」『國史館論叢』95, 2001 ; 『韓國中世 度量衡制 硏究』, 민족문화 학술총서 23, 혜안, 2001.
5) 河元鎬, 「조선후기 度量衡 「문란」의 원인 연구」『韓國史硏究』59, 한국사연구회, 1987.
6) 이종봉, 「조선후기 도량형제 연구」『역사와 경계』53, 2004.

# 2. 도량형의 정비와 관리

## 1) 세종대 度量衡制의 정비

조선이 개창된 직후 도량형을 새로 제정하지 않고 고려의 것을 그대로 이어받아 사용하였다. 태조 이성계는 卽位敎書에서 國號를 그대로 高麗라 하면서 뿐만 아니라 儀章法制를 모두 고려의 것을 따를 것이라고 언명하였다.[7] 사실 정도전이 지은 태조의 즉위교서의 이러한 언급은 너무나 당연한 것이었다. 度量衡의 용기와 크기뿐만 아니라 度量衡의 관장 관서도 고려의 그것을 그대로 계승하였다.

조선 초기에 도량형의 정비에 본격적으로 나선 것은 세종대의 일이었다. 당시 도량형제도를 통일시키는 사업은 禮樂의 정비과정과 연결되어 있었다. 유교정치 이념에서 禮는 인간의 적절한 행동을 규정하는 내면화된 규범을 가리키고, 樂은 천시 자연의 이치를 본받아 사람의 마음을 순화하는 작용을 하는 것이기 때문에 왕도정치를 행하는 데 예악의 정비는 필수적인 것이었다. 또한 예악의 정비는 禮器와 樂器의 제작과 연결되어 있었다.

1430년에 이르러 도량형 정비가 이루어지는데, 이는 樂律의 제정과 맞물려서 진행되었다. 당시 朴堧이 이 일을 맡아서 수행하였다. 박연은 지금 하늘이 내려준 秬黍에 의거하여 律管을 만드는 것이 가장 먼저 바로잡아야 할 일이라고 지적하였다. 박연은 이러한 일에 대한 근거로 "옛 사람이 聲音을 논할 때에는 磬石에 주안점을 두었고, 律管을 말할 때에는 반드시 기장을 쌓아 올리는 것"[8]이라고 전제하고 있었다. 박연은 律管을 만들어 五聲을 잘 調和시키면 자[度]·되[量]·저울[權衡]도 따라서 살필 수 있을 것이라고 주장하였다.[9] 朴堧은 秬黍를 이용하여 黃鍾管을 만들고 이를 토대로 黃鐘尺을 제정하였다. 황종척은 기본 음률을 맞추기 위한 기본 단위인 黃鐘管의 길이를 1척으로 삼은 것이다. 황종관은 黃鐘(12律 가운데 가장 낮은 음) 음률을 내는 管(피리)이다. 박연은 당시 海州에서 구해온 검은 기장을 가져다가 東籍田에 심어 수확한 다음 중간 크기 낱알 100알의 길이를 황종척 1尺으로 삼았다. 다시 말해서 황종척 1척으로 만든 황종관에서 나오는 음을 12律의 기준으로 삼은 것이었다.

황종척을 제정한 다음 이를 기준으로 周尺, 營造尺, 造禮器尺 등을 제작하였다. 周尺은 주나라의 기준척으로 周代에 모든 문물제도의 근원이 있다는 이념과 연관된 척도이고, 營造尺은 목공과 건축에 사용한 척도이며, 造禮器尺은 禮器와 祭物을 만들 때 사용한 척도이다. 그리고 布帛尺은 포백의 치수를 측정하고 표시하는 데 사용한 척도이다. 황종척을 기준으로 삼은 것은 그 이전에 기준이었던 周尺 대신에 우리나라 독자적인 도량형 표준을 제시한 것이라고 할 수 있다. 세종대에 다양한 종류의 尺이 제정되었는데, 『經國大典』의 기사에 따라 정리한 〈표 1〉은 황종척을 기준으로 다른 척들과의 상관관계를 살핀 것이다.[10]

---

7) 『太祖實錄』 卷1 太祖 1年 7月 28日 丁未 (1-22) ; 敎中外大小臣僚閑良耆老軍民 王若曰 (중략) 國號仍舊爲高麗 儀章法制 一依前朝故事.

8) 『世宗實錄』 卷47 世宗 12年 2月 19日 庚寅 (3-216) ; 禮曹與儀禮詳定所議奉常判官朴堧上書條件以啓 (중략) 古人之論聲音 則必以擊石爲主 言律管 則必以纍黍爲本.

9) 朴堧은 律을 제대로 만들어 여기에 度量衡을 맞게 하는 것(同律度量衡)은 곧 天子의 일이고 諸侯가 할 수 있는 일은 아니라고 지적하면서도 지금 律管을 만들어 오음을 바로잡는 일을 하지 않을 수 없다고 강조하였다(『世宗實錄』 卷47 世宗 12年 2月 19日 庚寅 (3-216) ; 禮曹與儀禮詳定所議奉常判官朴堧上書條件以啓 堧又云 (중략) 以製十二律管 以和五聲 度量權衡 因亦可察也 (중략) 然同律度量衡 乃天子之事 非侯邦之所自專也 若今秬黍 終不協於中國之黃鍾 則姑從權宜 假用他鍾之黍 纍成律管 求協於中國黃鍾 然後依法損益 以正聲律可也 今若不制律管 則五音淸濁 未免失眞 孟子曰 師曠之聰 不以六律 不能正五音 眞萬世不易之論也 此今日制作急務之大者也 願殿下毋下有司 潛思英斷 勿滯施行 臣恐衆論蜂起 不得遂其志願也 今詳此說爲是 宜試驗).

10) 박홍수, 「朝鮮前期의 度量衡」 『한국사 24－조선전기의 경제구조』, 국사편찬위원회, 1994, 617쪽. 『經國大典』 卷6 工典, 度量衡 ; (以周尺

〈표 1〉 黃鐘尺과 다른 尺 사이의 상호 비율 관계(출전 : 『經國大典』 卷6 工典 度量衡)

| 구분 | 黃鐘尺 | 周尺 | 營造尺 | 造禮器尺 | 布帛尺 |
|---|---|---|---|---|---|
| 周尺 | 0.606 | 1.000 | 0.663 | 0.73 | |
| 營造尺 | 0.899 | 1.499 | 1.000 | 1.09 | |
| 造禮器尺 | 0.823 | 1.38 | 0.92+ | 1.000 | |
| 布帛尺 | 1.348 | 2.246 | | | |
| 一等量田尺 | | 4.775 | | | 2.126 |

세종대에 정비된 도량형 관련 제도는 15세기말 1485년에 제정된 『경국대전』에 법제화되었다. 그 내용을 대략 살펴보면 길이(度)의 경우 10釐를 1分으로, 10분을 1寸으로, 10촌을 1尺으로, 10척을 1丈으로 삼았다. 그리고 부피(量)의 제도는 10勺을 1合으로, 10合을 1升으로, 10升을 1斗로, 15斗를 小斛=平石으로, 20斗를 大斛=全石으로 삼았다. 1合이 59.64㎤, 1升이 596.4㎤, 1斗가 5,964㎤로 계산된다고 한다.[11] 또한 무게(衡)의 제도는 黃鐘管에 담을 수 있는 물의 무게를 88分으로 하되 10리를 1分으로, 10分을 1錢으로, 10錢을 1兩으로, 16兩을 1斤으로 하고 大稱은 100斤, 中稱은 30斤 혹은 7근, 小稱은 3斤 혹은 1斤의 무게를 달 수 있게 하였다.[12] 1分은 0.4012mg, 1錢은 4.012mg, 1兩은 40.12mg, 1斤은 641.946mg으로 크기를 살펴볼 수 있다고 한다. 이와 같이 법제화된 도량형을 현실의 일상생활과 부세 수취 등의 측면에서 정확하게 채택 활용하기 위해서는 중앙정부의 주도로 도량형을 제작하고 또한 제작된 도량형을 관리 감독하는 제도가 마련되어야 했다.

## 2) 度量衡의 제작과 관리

조선이 개창된 다음 조정에서는 도량형의 제작과 검증, 감독을 전담하는 관서로 京市署를 활용하였다. 고려시대에 京市署가 斗斛의 奸僞를 검찰하는 일을 맡고 있었던 것이다.[13] 태종대의 사례를 보면 조정에서는 되(升)와 말(斗)을 규격대로 만들어 사용하는 것을 관리 감독하는 규정을 만들어 놓고 있었다. 그에 따르면 중앙에서는 京市署[14]가 이를 맡았고, 외방에서는 觀察使가 맡아 수행하였다.[15]

公田과 私田에서 收租할 때에 규격에 맞지 않는 斗升을 사용하여 收納하다가 佃客에게 고발을 당한 경우, 소재지의 수령을 論罪하고 관찰사를 治罪하게 하였다. 이러한 조처는 고려에서 이어받은 도량형 관리 감독 체계일 것으로 보인다.[16] 지방에서

準黃鍾尺 則長六寸六釐 以營造尺準黃鍾尺 則長八寸九分九釐 以造禮器尺準黃鍾尺 則長八寸二分三釐 以布帛尺準黃鍾尺 則長三寸四分八釐).

11) 박홍수, 「朝鮮前期의 度量衡」 『한국사 24-조선전기의 경제구조』, 국사편찬위원회, 1994, 622쪽.

12) 『經國大典』 卷6 工典 度量衡 ; (度之制十里爲分 十分爲村 十寸爲尺 十尺爲丈 (중략) ○ 量之制 十勺爲合 十合爲升 十升爲斗 十五斗爲小斛平石 二十斗爲大斛全石 ○衡之制 黃鐘之管 其容水重 八十八分 十釐爲分 十分爲錢 十錢爲兩 十六兩爲斤 大稱一百斤 中稱三十斤或七斤 小稱三斤或一斤).

13) 『高麗史』 卷20 世家, 明宗 2년 11월 29일 ; 秋七月 己卯 宰樞臺諫重房會京市署 檢斗斛察奸僞 以市人於斗米雜沙秕賣之也.

14) 京市署는 1466년(세조 12) 관제개정 때 平市署로 바뀌었다.

15) 『世宗實錄』 10卷 世宗 2年 11月 7日 辛未 (2-415) ; 禮曹啓 元續六典內 各年判旨 中外官吏或不奉行 其不奉行條件 謹錄以聞 請申明擧行 違者論罪 (중략) 一 永樂五年(1405년, 태종5-인용자)議政府受判 斗升平校 京中京市署 外方觀察使 每年春秋仲月 依前例施行.

16) 『世宗實錄』 10卷 世宗 2年 11月 7日 辛未 (2-415) ; 禮曹啓 元續六典內 各年判旨 中外官吏或不奉行 其不奉行條件 謹錄以聞 請申明擧行

관찰사의 관리 감독을 받지 않은 斗升을 사용하여, 밑바닥을 파내어 10분의 1 정도를 더 받아낸 祿轉(고려와 조선 때 祿俸에 충당된 民田의 조세) 差使員이 귀양에 처해지기도 하였다.[17)]

지방 수령이 斗斛의 크기를 조작하여 이득을 꾀하는 것으로 지목되어 의금부에 하옥되는 일도 일어났다. 사헌부에서 權尙溫이 안성 수령이었을때 斗斛을 파서 깍아내이 깊고 크게 만들어 백성들에게 무겁게 거두웠다고 지목한 것이었다. 그런데 나중에 밝혀진 바로는 水原府使 朴剛生이 領內 各官의 斗斛을 平校하면서 안성의 奸吏들의 속임수를 일아차리지 못하고 安城의 斗가 작다고 여겨 그 밑바닥을 파내고 烙印을 고친 것이었다. 豊儲倉의 倉官이 안성 향리가 가져온 斗가 큰 것을 戶曹에 보고하였고, 대사헌 朴習 등이 사정을 제대로 분별하지 못하고 戶房, 戶長 등을 壓膝 등으로 拷訊하였다. 그리하여 권상온이 治匠에게 지시하여 火印을 위조하고 斗를 크게 만든 것이라는 거짓된 자백을 받아냈다. 권상온의 아들이 신문고를 울리면서 저간의 사정이 밝혀지게 되었다.[18)] 나중에 결국 박습 등이 일을 잘못 처리한 것으로 처벌을 받았다.[19)] 권상온의 경우는 무고로 밝혀졌지만, 지방 수령들이 量器를 불법적으로 제작하거나 운영하는 폐단이 일어나고 있었다.[20)]

倭人에게 米豆를 내려줄 때에도 斗斛의 크기가 문제로 제기되는 사건이 일어나기도 하였다. 對馬島主는 자신들이 받은 米豆를 對馬島에 가져와 다시 改量하니 숫자와 들어맞지 않는 것이 斗斛이 균일하지 못한 때문이라고 하소연하였다. 그와 더불어 京中의 校正한 斗斛을 가져와 사용할 것을 요청하였다. 이에 대해 예조는 京中의 斗斛을 가져오는 것은 어려운 일이니 외방에서 사용하는 校正 斗斛을 쓰는 것이 좋을 것이라고 답변을 했다고 하면서, 이번에 米豆를 내려줄 때 都事로 하여금 校正한 斗斛으로 헤아려 줄 것을 지시하도록 요청하고 있었다.[21)] 이와 같이 도량형제의 운영을 둘러싸고 중앙관청, 지방군현, 왜인과의 관계에서도 도량형을 관리 감독하는 것이 필요하였고 앞서 서술한 바와 같이 경시서와 관찰사가 그 일을 담당하였다.

성종대 초반인 1474년 11월(성종 5)에 이르러 申叔舟는 그동안 戶曹에서 3年마다 升斗斛을 改造하여 各道 界首官에게 나누어 주고, 界首官은 소속 諸邑으로 하여금 그것을 표준으로 삼아서 제작하게 하였더니 도량형의 크기가 크거나 작거나 하는 상황이 되었다고 지적하면서 鐵尺을 만들어 각 道의 界首官에 보내어 大小深淺을 헤아려 斗斛을 제조하도록 하고 또한 監司로 하여금 巡行檢察하면 좋을 것이라고 제의하였다. 이에 대해 성종이 각 군현에서 법에 따라 만드는 데 크기의 차이가 나타나는 이유를 물어보자, 尹子雲이 각 고을의 木工이 정밀하게 만들지 못하여 착오를 이루는 것이 많고, 律度量衡을 같게 하는 것은 帝王의 큰 일이라고 하였다. 그리고 지금 현재 京中의 斗斛은 監察과 平市署의 관원이 크고 작음을 살펴서 烙印하여 사용하게 하고, 外方은 감사로 하여금 巡行하여 살피게 하고 있다고 설명하였다. 윤자운은 官府의 斗斛도 오히려 같지 아니하니 民家에서는 더욱

---

違者論罪 (중략) 一 永樂五年(1405년, 태종5-인용자)公私田收租者 以不平校斗升收納 爲佃客所告者 所在守令論罪 甚者報觀察使治罪.

17) 『太宗實錄』卷15 太宗 8年 3月 21日 庚午 (1-433) ; 流瑞興縣令朴持于仁州 憲府上言 持爲丁亥年豐海道祿轉差使員 不用界首官平校斗升 擅將各官斗升 自加雕掘 每一斗剩一升 每一升剩二合 病民貽患 其罪甚矣 乃流之.

18) 『太宗實錄』卷35 太宗 18年 1月 12日 癸亥 (2-199) ; 下內資寺尹權尙溫于義禁府 司憲府啓 尙溫曾守安城 掘削斗斛而深大之 重斂於民 私贈於人 乞收職牒 按問其故 先是 水原府使朴剛生平校領內各官斗斛 以安城斗爲小而掘其底 改烙印 安城吏將其斗來京江豐儲倉 倉官以其斗之大執報戶曹 是剛生不察奸吏之謀 初使領官水原之斗大過其制 不澄其源故耳 非尙溫之罪也 大司憲朴習等不分其實 戶房戶長記官與其兩班過刑以至壓膝 强推取辭 羅織尙溫設治官廳窓北 敎治匠火印僞造 故作大斗之罪 安城之吏不忍其苦 遂誣伏 憲府具狀請親問尙溫, 尙溫使其子擇將實封 擊鼓訴冤曰 臣自去年九月 爲憲司所糾 將無作有推鞫不已 負屈莫伸 情迫事切 罔知所爲 伏望上慈垂察 特命公正他官 以伸冤抑 其條凡八 上覽訖 命囚尙溫于義禁府 推覈八條 命刑曹參判李之剛 左司諫大夫玄孟仁 雜治剛生尙溫之獄.

19) 『太宗實錄』卷35 太宗 18年 1月 16日 丁卯 (2-201) ; 下司憲府大司憲朴習 (중략) 習以大司憲 辨尙溫之罪不明 故命皆囚之 以辨事情.

20) 이종봉, 『韓國中世 度量衡制 硏究』, 혜안, 2001, 173쪽.

21) 『成宗實錄』卷20 成宗 3年 7月 12日 丁未 (8-671) ; 禮曹啓 對馬島主特送可臥老而信都老等言 往者 歲賜及特賜米豆 本島改量之時 皆有贏餘 近年 皆不如數 未知中間使者虛耗歟 抑所量斗斛不均歟 乞用京中校正斗斛 臣等答云 京中斗斛 則有致遠之弊 外方亦有校正斗斛 以此量給亦無不可 然臣等以爲 三浦差使員 恐以不準斗斛 減給 今賜米豆 令其道都事 同護送官 以校正斗斛 量給 其他倭人留浦過海糧 以塵穢不用之米 用小斗斛減給 因失彼人之心 事關大體 令其道觀察使 時加檢察 從之.

그러할 것이라고 지적하고 있었다. 다시 신숙주가 鐵尺을 주조하여 보낼 것을 청하자 성종은 전례를 살피고 다시 보고하라는 명령을 내렸다.[22]

신숙주의 건의와 성종의 전례를 살피라는 명령이 있은지 보름 정도 지난 1474년 12월에 이르러 성종은 戶曹에 다음과 같이 傳旨하였다. 그 내용을 보면 斛斗升의 體制와 尺寸을 이미 詳定하였는데 京外官이 즉시 遵用하지 않아 크고 작은 차이가 나타나고 있으니 詳定한 것에 의거하여 造作하여 印을 찍게 하고, 또한 鐵尺를 만들어 諸道의 界首官에게 나누어 보내게 하는 것이었다.[23] 이와 같은 기록에서 성종대 초반에 斗斛, 斗升을 교정하는 책무를 京外의 담당관리에게 부여하고 있었고, 또한 鐵尺을 만들어 尺의 길이가 변용되는 것을 막으려는 조처를 취하고 있음을 알 수 있다. 이는 곧 도량형의 관리, 감독에 조정이 유념하고 있음을 보여주는 것이었다.

도량형의 정확한 용량을 계속 지켜나갈 수 있도록 관리하고 감독하는 일은 중앙의 조정과 지방의 군현이 늘상 담당해야 하는 일이었다. 하지만 官에서 사용하는 자(尺)마저도 교정을 거친 것을 찾지 못하는 시기도 있었다. 1483년 刑曹의 보고에 따르면 당시 한성부와 오부에는 校正을 거친 官尺이 없어 사사롭게 만든 周尺을 이용하여 檢屍하고 있었다. 이런 상황에서 諸道에서 官尺이 없을 것이라고 추정할 수 밖에 없었다. 이에 형조는 漢城府와 五部 銅鐵로 만든 檢屍用 周尺을 만들어 보낼 것을 요청하였다.[24]

1485년에 완성된『경국대전』의「工典」에 도량형의 제작과 관리에 관한 규정이 들어 있다. 우선 중앙의 여러 관청과 지방 군현에서 사용할 도량형의 原器를 工曹에서 제작하여 보내주게 하였다. 이 原器를 기준으로 삼아 중앙의 여러 관청과 지방 군현에서 자체적으로 도량형을 제작하여 사용하는 것이었다. 그리고 관이 아닌 사사롭게 사용하기 위해 私處에서 만든 度量衡은 매년 秋分日에 한양에서는 平市署, 지방에서는 巨鎭에서 바르게 고쳐서(平校) 모두 낙인하는 방식이었다.[25] 그런데 量器에 대해서는 특별 규정을 하나 더 규정하였는데, 여러 군현에서 사용하는 量器는 각각 하나씩 관찰사가 原器와 대조하여 확인하고 烙印하여 보내주게 하였다. 각 道로 보내어 관찰사로 하여금 규정(制)에 따라 바르게 고쳐서(平校) 낙인하도록 하였다.

도량형의 관리 감독 체계와 관련해서『經國大典』의 난해한 구절에 대한 주석서로 1555년에 편찬된『經國大典註解』의 내용이 주목된다.『經國大典註解』는『經國大典』의 용어를 풀이한 부분과 법률적인 해석을 가한 부분으로 나뉘어 있다.[26] 그런데『經國大典註解』後集 工典 度量衡條의 내용은 도량형을 정비하는 것이 갖고 있는 사상적인 배경을『禮記』月令의 인용을 통해서 분

---

22)『成宗實錄』卷49 成宗 5年 11月 18日 己巳 (9-166) ; 御經筵 講訖 領事申叔舟啓曰 (중략) 且戶曹每三年 改造升斗斛 分送于各道界首官 使所屬諸邑 取法而造 然大小不同 臣請鑄鐵尺 分送于各道界首官 使量大小深淺而造斗斛 又令監司巡行檢察 則庶幾均一矣 上曰 各官取法造之而大小不同何也 領事尹子雲曰 各官木工制造不精 多致錯誤 同律度量衡 帝王之大事 今京中斗斛 監察與平市官員看審大小 烙印而用 外方則雖令監司巡審 然未知親審與否也 官府斗斛, 尙且不同, 況民家乎 叔舟曰 尺量之制 皆本於黃鍾之數 故臣欲正其源 請鑄尺而送也 上良久曰 其考前例以啓.

23)『成宗實錄』卷50 成宗 5年 12月 4日 乙酉 (9-170) ; 傳于戶曹曰 斛斗升體制 尺寸已詳定 而京外官不卽遵用 以致大小差異 依詳定 造作著印幷造鐵尺 分送于諸道界首官.

24)『成宗實錄』卷160 成宗 14年 11月 7日 丙申 (10-541) ; 刑曹啓 漢城府五部 本無校正官尺 而私造周尺 檢驗死屍 則諸道諸邑 亦無官尺 明矣其分寸長短 必不如法 請檢屍周尺 令工曹 用銅銕精做 分送于曹及漢城府諸道 從之.

25) 量器인 斗升의 관리 감독 뿐만 아니라 되질할 때 사용하는 平木의 교정도 필요하다는 주장도 제기되고 있었다.『世宗實錄』卷62 世宗 15年 10月 28日 丁丑 (3-524) ; 幼學朴宗直上言曰 今慶尙全羅兩道 早旱晩水 禾穀或槁或朽 其餘六道 或稔或損 而今歲之內 將或絶糧 是誠可慮 伏望京外賑貸及宿債 待明年歲熟 然後徵之 黃海全羅兩道 船稅石首魚白蝦醢等物 各船主給價司宰監奴而納之 皆自私用 以其他下品之物納之 姦惡無甚 乞令各官收納監封 使邑吏船主一同親自上納 則姦民不得用其謀矣 各處津尺官船外 別有私船 多收其價 乞自今一禁私船 京市署雖烙印斗升 然不用槪木 以手量之 輕重在心 乞令京市署斗量平木 烙印頒給 且物價輕重 市人擅自推移 甚不可也 乞豐歉之年 春夏秋冬 市價輕重 京市署酌定成法 命禮曹 與議政府同議以啓.

26) 정긍식 외 2인,「제1부 해설편」『譯註 經國大典註解』, 한국법제연구원, 2009, 23쪽.

명히 밝혀주는 내용이었다. 용어풀이나 법조문 주석이 아닌 도량형을 통일하는 것이 갖고 있는 의미를 되새기는 설명을 덧붙이고 있었다.

『경국대전』에 들어 있는 "사사롭게 만든 도량형은 매년 秋分日에 한양에서는 平市署, 지방에서는 巨鎭에서 바르게 고쳐서(平校) 모두 낙인한다"[27]라는 구절을 먼저 제시하였다. 그런 다음에 『禮記』 月令篇을 인용하고 있었다. 月令 가운데 仲秋之月의 기사 내용 일부를 인용한 것인데 알기 쉽게 풀이하면, "春秋에 낮과 밤이 똑같게 나뉘는 날(春分, 秋分)이면 度(丈尺)와 量(斗升)을 같게 하고, 權(저울추)과 衡(저울대)을 고르게 한다. 秋分이면 關門을 통과하는 것을 편하게 해주고 市廛의 조세를 낮추어, 商人과 旅客을 불러들여 재물도 같이 들어오게 한다. 이리하여 백성의 日用을 편리하게 한다."[28]라고 해석할 수 있다. 중요한 대목은 이 뒤에 나오는데 바로 도량형의 제정, 관리, 감독의 의의를 밝히는 부분이다. 해당 구절을 풀이하면 "이런 까닭으로 추분일에 平校하고 烙印하는 것이 바로 長短大小의 제도를 가지런하게 하고, 輕重의 차이를 고르게 하기 위한 것이다"라는 내용이다. 앞뒤 문맥을 정리하면 도량형을 추분일에 가지런하고 고르게 만드는 것은 月令에서 지시하는 군주가 마땅히 해야할 작업이라는 설명이라고 보인다.

『禮記』 月令篇은 여러 유학 경전 가운데 天時의 길흉화복의 문제를 時令의 마련과 시행으로 예방할 수 있다는 이해를 담고 있는 책이었다. 따라서 月令篇의 내용은 孟春에서 시작하여 季冬까지 12月에 걸쳐 그때그때 군주가 해야할 일을 계절의 변화와 더불어 여러 가지 측면에서 제시하는 것이었다. 특히 月令은 만물의 生氣를 상하게 하지 않아야 한다는 인식과 함께 農事에 있어서 가장 중요한 여러 작업을 제때에 수행해야 하는 것과 같은 맥락에서 군주의 정치도 그러한 해야할 일을 지켜야 한다는 점을 강조하고 있었다. 이와 같은 점에서 볼 때 『經國大典註解』에서 도량형의 관리, 감독이라는 조목을 풀이하기 위해 『禮記』 月令篇을 인용하는 것은 당대의 정치가 時令에 맞게 운영되어야 한다는 점을 군주에게 강조하기 위한 의도가 있었던 것으로 볼 수 있을 것이다. 다시 말해서 度量衡의 정리, 관리, 감독이 사소하고 자질구레한 지엽적인 일이 아니라 군주가 時令에 따라 마땅히 해야 할 일임을 분명하게 선언한 것이라고 생각된다.

## 3. 도량형의 활용 양상

### 1) 測雨器의 제작과 활용

조선시대 도량형의 활용 양상을 살피는 것은 길이, 부피, 무게 등의 측면에서 구체적으로 도량형의 의미가 어떻게 실현되고 있었는지 따져보기 위한 것이다. 국가의 부세 수취 과정이나 시장에서의 상품거래, 민간의 일상생활 등에 활용된 도량형은 필수불가결한 빠질 수 없는 것이었다. 따라서 도량형의 크기를 살피고, 도량형을 제작하여 관리 감독하는 측면과 더불어 실제 도량

---

27) 『經國大典註解』 後集 工典 度量衡條 ; 私處所造 每歲秋分日 京平市署 外巨鎭 平校並烙印.

28) 『經國大典註解』 後集 工典 度量衡條 ; 禮記月令 春秋 日夜分 則同度量 平權衡 而秋分 則易關市 來商旅 納貨賄 以便民事 故此於秋分日 平校烙印 所以齊其長短大小之制 平其輕重之差也. 『禮記今註今譯』 第六 月令 ; 仲秋之月(중략) 是月也 (중략) 日夜分 則同度量 平權衡 正鈞石 角斗甬 是月也 易關市 來商旅 納貨賄 以便民事. 위의 해석문은 『禮記今註今譯』의 今註와 今譯을 바탕으로 보충한 것이다.

형의 활용 양상을 주목하지 않을 수 없다.

도량형의 활용 양상 가운데 먼저 測雨器의 제작과 활용을 살펴볼 수 있다. 測雨器는 세종 재위 당시 世子 자리에 있던 文宗의 고안으로 제작된 것으로 기본적으로 雨量을 재기 위한 도구로서 만들어졌다.[29] 측우기가 등장하는 기록을 살펴보면 1441년 호조에서 '鐵鑄器'을 길이 2尺, 지름 8寸의 크기로 만들어 臺 위에 올려두어 비를 받았다가 雨量의 深淺을 조사하여 보고하게 한 것을 찾아볼 수 있다.[30] 이 실록 기록에 등장하는 '鐵鑄器'가 몇 개월 뒤에 測雨器라는 이름을 얻게 되었다. 1442년 호조에서 測雨하는 일에 관련된 보고를 하는데 京中에서 鑄鐵로 만든 그릇을 '測雨器'라 명명하였다는 내용이 보인다. 이때의 측우기는 앞서의 것보다 크기가 조금 작아진 것이었는데, 길이 1尺 5寸이고 지름이 7寸인 원통형의 銅器였다.[31]

測雨器를 제작할 때 사용된 척도가 바로 周尺이었다. 周尺을 남문현의 보고에 따라 20.7cm으로 추정하고 측우기 크기를 산출하면 길이 31.05cm, 지름 14.49cm이다. 측우기를 臺 위에 올려놓고 비를 받아 비가 그친 뒤에 서운관 관원으로 하여금 周尺으로 우량을 살피게 하였는데, 寸分 수치까지 조사하여 기록하게 하였다. 뿐만 아니라 비가 오기 시작한 일시와 그친 일시까지 보고해야 했다. 외방에도 鑄鐵 測雨器를 내려보내, 혹은 磁器, 瓦器로 구워 사용하게 하였다.[32] 외방에서도 서운관 관원과 마찬가지로 여러 정보를 보고하게 하였다. 이와 같이 측우기 제작과 외방 보급, 그리고 우량의 객관적인 수량 파악과 보고체계를 갖춘 것을 특기할 만한 사실이라고 할 수 있다. 그러한 측우기의 제작과 활용은 周尺의 확인 과정을 바탕으로 삼은 것이었다.

측우기를 통해서 降雨量을 객관적으로 측정하는 방식은 조선 후기에도 그대로 통용되었다. 특히 1770년(영조 46)에 영조는 측우기의 모양과 제작 방식을 전국의 郡縣에 내려보내 각지에서 새롭게 자체 제작하게 하였다. 이때 측우기를 올려놓을 石臺를 布帛尺으로 높이 1尺, 너비 8寸으로 만들게 하였다.[33] 이때 영조가 활용한 포백척은 삼척부에서 획득한 세종대에 만든 포백척을 바탕으로 『경국대전』의 법식을 따라 새로 만든 것이었다.

조정에서는 觀象監이 관장하여 昌德宮에 설치한 측우기에서 降雨量을 周尺으로 分寸까지 재어 파악하였다. 測雨器의 크기 자체도 周尺으로 규정되어 있었고, 降雨量도 周尺으로 측정하였다.[34] 정조는 1780년에 측우기로 水深을 측량하는 세칙을 정하기도 하였다. 정조는 하루에 측우기로 수심을 측량하는 횟수를 3회로 정하고, 水深의 分寸도 성심껏 재도록 당부하였다.[35] 이에 따르면 昧爽부터 午初三刻까지, 午正初刻부터 人定까지, 人定부터 翌日昧爽까지 등 하루를 3분하여 雨量을 측정하게 하였다. 그

29) 李泰鎭, 『朝鮮儒敎社會史論』, 知識産業社, 1989, 64~66쪽.

30) 『世宗實錄』 卷93 世宗 23年 8月 18日 壬午 (4-355) ; 戶曹啓 各道監司轉報雨澤 已有成法 然土性燥濕不同 入土淺深 亦難知之 請於書雲觀作臺 以鐵鑄器長二尺徑八寸 置臺上受雨 令本觀官員尺量淺深以聞 (중략) 又於外方各官 依京中鑄器例 或用磁器 或用瓦器 置廨宇庭中 守令亦量水淺深報監司 監司傳聞.

31) 전상운, 『한국과학사』, 사이언스북스, 2000.

32) 『世宗實錄』 卷96 世宗 24年 5月 8日 丁卯 (4-409) ; 戶曹啓 測雨事件 曾已受敎 然有未盡處 更具條列 一 京中則鑄鐵爲器 名曰測雨器 長一尺五寸 徑七寸 用周尺 作臺於書雲觀 置器於臺上 每當雨水後 本觀官員親視下雨之狀 以周尺量水深淺 具書下雨及雨晴日時 水深寸分數 隨卽啓聞置簿 一 外方則以鑄鐵測雨器及周尺每一件 送于各道 令各官一依上項測雨器體制 或磁器或瓦器 隨宜燔造 作臺於客舍庭中 置器臺上 周尺亦依上項體制 或竹或木 預先造作 每當雨後 守令親審下雨之狀 以周尺量水深淺 具書下雨及雨晴日時 水深尺寸分數 隨卽啓聞置簿 以憑後考 從之.

33) 『英祖實錄』 卷114 英祖 46年 5月 1日 丁丑 (44-352) ; 命倣世宗朝舊制 造測雨器 置昌德慶熙兩闕 令八道兩都皆造置 俾審雨澤多少 以測雨器尺寸幾何 馳啓以聞 仍敎曰 此卽體昔年一風一雨命審之聖意 何敢放忽 聞實錄以爲 測雨器設石以置 今者兩闕兩雲觀 皆造石臺 高布帛尺一尺 廣八寸 臺上造圓穴安之 穴深一寸 用庚申新製尺 蓋庚申取三陟府在所世宗朝布帛尺 參考大典 新製尺式也.

34) 『度支志』 外篇 卷3 版籍司 田制部一 測雨器事實.

35) 『正祖實錄』 卷32 正祖 15年 4月 丁卯 (46-217) ; 敎曰 測雨器水深書入也 分寸每相左 時限亦不一 此後自昧爽至午初三刻 午正初刻至人定 自人定至翌日昧爽以前 分三次書入...(중략)...觀象監官員 臥積仕日 無義莫甚 甚至望雨得雨也 水深分寸 不能誠心計量 此皆提調不能檢飭而然 提調推考 後復慢忽.

런데 이는 하루종일 비가 내릴 때의 경우이고, 몇 시간 정도 내린 비의 양을 보고할 때에는 언제부터 언제까지라고 시간을 한정하였고, 또한 하루 이상 지속된 강우의 경우에도 비가 내리기 시작한 시각과 그친 시각을 특정하였다.

降雨量의 파악은 기본적으로 測雨器로 잰 水深 수치를 이용하였지만, 실제의 농업생산 현장이나 지방 군현 등에서는 관행적인 降雨量 파악 방식을 竝用하고 있었다.[36] 관행적인 降雨量 파악 방식은 쟁기와 호미의 날의 크기를 기준으로 비가 땅에 스며든 부분의 깊이를 재는 것이었다. 이를테면 호미 날 하나가 들어가는 깊이까지 비가 스며들었으면 강우량을 '一鋤'라고 표현하고, 쟁기 날 하나면 '一犁' 등으로 표현하는 방식이었다. 이러한 관행적인 강우량 측정 방식은 지방 守令들이 중앙에 보고하거나, 또는 중앙 관리들이 국왕에게 보고할 때 강우량을 뜻하는 수치로 사용되고 있었다. 아예 測雨器로 잰 강우량과 犁鋤로 파악한 강우량을 병행하여 사용하기도 하였다.

이상에서 살펴본 바와 같이 조선의 중앙정부는 各道 各邑의 雨澤(降雨量) 현황을 객관적으로 파악하기 위하여 測雨器를 제작하고 보급하였으며 실제 수령을 통해서 활용하고 있었다. 측우기의 발명은 조선이 지향하고 있던 農本의 입장을 반영하는 것이었다고 볼 수 있다. 그리고 측우기의 제작이 바로 세종대 도량형의 정비 과정을 거쳐 周尺의 크기가 확정된 이후에 이루어졌다는 점에서 앞서 살펴본 『禮記』 月令과 도량형 정비의 관계를 다시 돌이켜볼 수 있다. 즉 도량형의 정비라는 직업이 조선 사회의 근간을 이루는 農本이념과 깊이 결부된 것이었다는 점을 찾아볼 수 있다고 생각된다.

## 2) 水標의 설치와 의의

조선 왕조 초기 세종대인 1441년 開川을 잘 다스리기 위한 목적으로 설치된 것이 바로 수표였다. 수표를 설치하여 개천의 수심을 재려는 것이었다.[37] 수심을 재기 위해 개천 바닥에 자리를 잡았다. 이때 호조의 건의에 따라 測雨器와 더불어 水標가 설치된 것이었다.[38] 수표는 마전교 서쪽편에 역시 얇은 돌 위에 세워졌는데 돌로 만든 것이 아니라 나무로 만든 것이었다. 얇은 돌 위쪽을 깎아내고 나무 기둥을 붙잡아 움직이지 않게 해줄 趺石 2개를 세웠다. 나무 기둥은 사방이 네모난 형태이고, 쇠로 만든 갈고리로 부석에 고정시켜 두었다. 그리고 나무기둥에 尺寸分 단위로 길이 표시를 새겼다. 나무로 제작되었기 때문에 尺寸分 단위까지 표기할 수 있었을 것이다. 당시 수표 제작에 사용된 척도는 周尺이었다. 주척 1척이 20.7cm 정도이고, 1척 = 10촌 = 100분으로 따져보면 1분은 2mm에 불과하였다. 開川에 水標를 설치한 것은 雨水의 淺深을 河床을 기준으로 정확하게 재려는 것이었다. 戶曹의 郎廳이 비가 내렸을 때 하천 수심을 재어 보고하는 임무를 맡게 되었다.

나무로 만들었던 수표가 石製로 바뀐 것은 언제인지 분명하지 않지만 16세기 초반 중종대 편찬된 『新增東國輿地勝覽』의 水標橋 소개 글에 "나리 서쪽 물 가운데에 石標를 세우고 尺寸의 數를 새겼다"[39]라고 되어 있는 것으로 보아 이 무렵에는 분명히 석제 수표를 이용하고 있었다. 현존하는 수표의 석제 기둥을 보면 1척에서 10척까지 1척 단위로 눈금을 직선으로 새기고 3척, 6

---

36) 『江都啓錄』 乾隆16년(1751년) 4월 16일. 이날 올린 雨澤 보고를 보면 4월 6일 7일에 내린 비는 겨우 '浥塵' 즉 먼지를 적실 정도에 그쳤다고 우량을 기록하였고, 24일 오시부터 내려서 혹은 쏟아붓다가 혹은 흩뿌려 25일 묘시에 그친 비는 '一犁許'였다고 기록하였다.

37) 수표가 설치된 바로 옆에 馬廛橋라는 다리가 있었다. 이 이름은 1420년(세종 2년) 축조될 때 馬廛이 옆에 있어서 붙여진 것이었다. 그러다가 1441년(세종 23년)에 수표가 세워지면서 이후 수표교라고 불리게 되었다.

38) 『世宗實錄』 卷93 世宗 23年 8月 18日 壬午 (4-355) ; 戶曹啓 (중략) 又於馬前橋西水中 置薄石 石上刻立趺石二 中立方木柱 以鐵鉤鏁趺石 刻尺寸分數於柱上 本曹郞廳審雨水淺深分數以聞.

39) 『新增東國輿地勝覽』 卷3 漢城府 橋梁 水標橋 ; 橋西 水中 立石標 刻尺寸之數 凡雨水 以之淺深.

척, 9척에는 ○표시를 하여 각각 渴水, 平水, 大水라고 표시하였다. 6척 안팎의 물이 흐를 때가 보통 수위이고, 9척이 넘으면 위험 수위로 보아 개천의 범람을 미리 예고하는 것이었다. 수표를 통한 수심 측정은 본래 호조에서 담당하였지만 후대에는 예조에서 관장하고 있었다. 실제 수표 기록을 보고하는 일은 한성부의 水標直이 담당하였다. 수표직이 개천 수위를 재어 예조 담당 관리에게 보고하면, 예조는 이를 다시 국왕에게 보고하였다.

조선 후기 도성 인구가 급증하면서 개천이 감당하기 어려울 정도가 되었다. 결국 개천의 하상이 높아져 작은 비가 내려도 범람하는 일이 잦아졌다. 이를 해결하기 위해 영조가 벌인 사업이 濬川 즉 개천 준설 사업이었다. 1760년(영조 36년, 庚辰年)에 영조는 도성 주민의 의견을 수렴하고, 여러 관료들과 토론을 진행하는 과정을 거쳐 준천을 시행하였다.[40]

1760년 준천 사업을 마무리하면서 수표교 서쪽의 水標에 '庚辰地平'이라는 네 글자를 새겨넣었다. 이후에 벌어질 준천 작업에서 수표에 새긴 '庚辰地平'이라는 글자를 기준으로 삼기 위한 것이었다. 이에 따라 수표는 또 다른 역할을 하나 더 맡아 수행하게 되었다. 개천에 쌓인 모래와 흙을 걷어내는 河床의 준설 작업의 기준점 노릇도 하게 된 것이었다. 한편 세종대왕기념관에 위치한 수표에는 '癸巳更濬'이라는 글자가 새겨져 있는데, 이는 1773년(영조 49년)에 대대적인 준천과 더불어 개천 석축 공사를 벌였는데, 그 때 다시 제작된 수표로 보인다. 이상에서 살펴본 바와 같이 開川의 水標는 세종대에 설치되었다는 역사적 의의를 갖고 있고 또한 영조대에 濬川이 시행되면서 다시금 새로운 역사적인 의미를 갖게 되었다고 할 수 있다. 이는 곧 王政의 시행에서 개천의 관리에 水標가 중요한 역할을 수행하고 있었다는 점으로 해석할 수 있다.

### 3) 量田尺의 단일화와 甲戌尺

조선시대의 量田尺이란 量田을 시행할 때 활용하는 단위 척도이다. 周尺이나 布帛尺에 비해 훨씬 길이가 긴 척도를 새로 산정하여 量田尺을 만들었다. 양전척은 구체적으로 필지별 토지의 長廣 길이를 재는 용도로 활용되었다. 논밭의 면적을 산출하는데 중요한 기준이었다. 그리고 量田尺으로 파악한 수치는 田品과 더불어 해당 필지의 결부수를 산정하는 중요한 정보였다. 이러한 점에서 量田尺은 국가의 부세 수취, 그리고 백성들의 부세 부담에 커다란 영향을 미치는 요인이 될 수 있었다.

조선 초기의 양전척은 고려말의 그것을 준용하고 있었다.[41] 고려말 과전법이 제정되는 과정에서 남부 6도의 量田이 1388년 8월부터 시작되어 1389년에 일단락되었다(己巳量田). 당시의 양전은 隨等異尺, 그리고 異積同稅라는 量田 收租法을 정착시키는 대역사로 평가되고 있다.[42] 고려의 전시과체제에서는 同積異稅의 量田 收租制가 운용되고 있었던 것이 크게 변화한 것이었다.

고려 중기 이후에 양전 방식에 변화가 나타났는데, 첫째 田品을 等第하는 기준이 田地의 休閑 빈도가 아닌 肥瘠度로 바뀌었고, 둘째 이와 관련하여 上中下等田이 각기 동일한 실적의 것이 아니라 각기의 비척도에 따라 실적을 차등 있게 달리하면서 收租를 동일하게 하는 방식으로 바뀌게 되었다. 그리하여 상등전 1결에 비해서 하등전 1결의 절대 면적이 훨씬 넓게 打量하면서 수조는 모두 동일하게 米 30斗를 걷는 방식이 채택되었다. 이때 上中下等田에서 각각 상전척, 중전척, 하전척을 사용하여 打量하게 하였는데, 바로 農夫의 指(尺)의 길이를 활용하는 것이었다.[43] 하전척은 農夫의 30指, 중전척은 25指, 상전척은 20指로 정

40) 영조대 濬川에 대해서는 다음 논문 참고. 염정섭, 「조선후기 한성부(漢城府) 준천(濬川)의 시행」『서울학연구』11, 서울시립대학교 서울학연구소, 1998.

41) 『世宗實錄』卷49 世宗 12년 8월 10일 戊寅 (3-253) ; 參判柳季聞以爲 我國 土地之品不同...前朝 但以農夫手二指計十爲上田尺 二指計五三指計五爲中田尺 三指計十爲下田尺 定爲三等 一結收租 並以三十斗定數 有違古制 開國以來 仍此法改量.

42) 김태영, 『朝鮮前期 土地制度史 研究』知識産業社, 1983, 190쪽.

해져 있었다. 隨等異尺法은 田地 비척도에 따라 田品을 上中下로 구분해야 하며 또한 田品에 따라 각기 量田尺을 달리해야 하는 것이었기 때문에 여기에 착오가 일어나는 것은 필지의 일이었다.[44)]

조선의 量田尺은 세종대에 貢法의 시행과 더불어 새로운 차원으로 정비되었다. 공법의 제정과 함께 周尺을 6등전의 田品에 따라 길이를 달리하는 방식이 채택되었다. 1등전을 打量할 때 활용하는 양전척과 6등전을 타량하는 양전척의 길이를 달리하는 隨等異尺의 量田尺制가 만들어졌다. 1444년(세종 26) 田制詳定所의 건의에 따라 1등전의 量田尺을 周尺으로 四尺七寸七分, 二等田의 量田尺을 五尺一寸八分 등으로 실행하게 되었다.[45)] 周尺이라는 尺度를 근거로 量田尺을 운용하게 되었다는 사실은 한국 중세의 結負制의 운용에서 획기적인 사건이라고 할 수 있다. 예전의 農夫의 指尺을 대신하여 보다 객관성을 갖춘 기준 척도로 周尺을 바탕으로 量田尺을 만들어 양전을 수행할 수 있었다. 이것을 계기로 결부제는 이제 비로소 각등전의 실적의 광협에 따른 객관적인 타당성을 갖추게 될 수 있었다.[46)] 문제는 결부제 운영의 관건이 되는 田品 산정, 結負 계산이 공정하게 이루어질 수 있었는가에 달려 있었다.

공법 규정은 1485년에 제정 시행된『經國大典』戶典 量田條에 수록되었다.[47)] 6가지의 量田尺을 실제 양전 실행 단계에서 사용하고 있었고, 그렇기 때문에『경국대전』제정 당시에 조항의 하나로 수록되었다고 볼 수 있다. 그런데 양전척의 활용 양상과 관련해서 주목해야 할 자료가 있는데『田制詳定所遵守條劃』이 그것이다. 현재 전해지고 있는『田制詳定所遵守條劃』의 末尾에 '順治四年' 즉 1653년(효종 4)에 戶曹에서 開刊한 것으로 표기되어 있다. 그런데 이 책의 내용 가운데 6가지의 量田尺을 모두 사용하는 대신 一等田尺만 사용하여 各等田의 長廣尺數를 타량한 다음, 각 필지의 田品을 감안하여 결부수를 환산하는 解負작업을 지시하는 부분이 주목되고 있다. 다시 말해서『전제상정소준수조획』에 따르면 이제 量田은 單一 量田尺(一等田尺)만으로 실행하는 것을 지시하고 있었다. 따라서 1653년 이후에 수행된 量田은 이전의 隨等異尺制에서 異等同尺制로 바뀐 규정 아래에서 실행되었다고 파악할 수 있었다.『전제상정소준수조획』의 편찬 시기와 그 내용의 실행 시기에 대한 이러한 해석은 정약용의『牧民心書』에서도 찾아볼 수 있다. 정약용은 孝宗代에 이르러 遵守册에 따라 一等田尺으로 타량하고 田品에 따라 解負하였다고 설명하였다.[48)]

『전제상정소준수조획』의 편찬 연도와 시행 시기에 대한 의문점이 지적되면서 單一量田尺을 사용하기 시작한 시점에 대한 논

---

43)『世宗實錄』卷49 世宗 12년 8월 10일 戊寅 (3-252) ; 摠制河演以爲... 自前朝 只以上中下三等定制 將農夫手二指計十爲上田尺 二指計五三指計五爲中田尺 三指計十爲下田尺 六尺爲一步 以三步三寸四方周廻爲一負 二十五步爲一結而打量 其收租則皆取三十斗.

44)『太宗實錄』卷4 太宗 7년 7월 己亥 (1-129 · 130) ; 戶曹給田司上言 前朝之季 紀綱紊亂 田制先毁...故於己巳年間 京畿及五道田 併行打量作丁 然當其時 算術未熟 刻期畢事 致有輕重失中 或致遺漏 濱海之地 亦未及量 乞分遣朝官 與諸州守令踏驗 令觀察使考察 以千字字號作丁 以收其稅 兩界之田 都巡問使 亦以一牛日耕 多少改量.

45)『世宗實錄』卷106 世宗 26年 11月 13일 戊子 (4-593) ; 傳旨田制詳定所 … 一以六等田結 實積開方 所得一面之數 各有寸分之奇計筭甚難 故六等田每一面 分爲百 爲其田所量之尺 一等田尺周尺四尺七寸七分 二等田尺周尺五尺一寸八分 三等田尺周尺五尺七寸 四等田尺周尺六尺四寸三分 五等田尺周尺七尺五寸五分 六等田尺周尺九尺五寸五分 如此則尺有六等長短 而數則皆以百尺爲面 萬尺爲積 雖不熟筭者 計之無難.

46) 김태영,『朝鮮前期 土地制度史 研究』, 知識産業社, 1983, 302쪽.

47)『經國大典』卷2 戶典 量田 ; 原 凡田分六等 每二十年改量成籍 藏於本曹本道本邑 一等田尺長 準周尺四尺七寸七分五氂 二等 五尺一寸七分九氂 三等 五尺七寸三氂 四等 六尺四寸三分四氂 五等 七尺五寸五分 六等 九尺五寸五分 實積一尺爲把 十把爲束 十束爲負 百負爲結 一等田一結準三十八畝 二等田四十四畝七分 三等田五十四畝二分 四等田六十九畝 五等田九十五畝 六等田一百五十二畝.

48)『牧民心書』戶典六條, 田政 ; 牧之職五十四條 田政最難 以吾東田法本自未善也 ; 中國以頃畝解田 吾東以結負解田 夫長短闊狹 其體有形 肥瘠膏涸 其性無形 然且有形之體 今古不變 無形之性 時月以殊 土之肥瘠在人功 結負經田 非善法也 原夫田結之名 起於管子 禁藏篇 而新羅之時 已有結負 故崔致遠山寺碑銘 有賜田十結之語 高麗史食貨志 有山田一結平田二結諸語 然其所謂一結一負 仍是一頃一畝 非以土之肥瘠 遞加其地如今法也 詳見田制考 高麗之末 始制三等之尺 以之量田 國初制五等之尺 其差等益多 而肥瘠五等 載於田案而已 五等之田 其實積皆同 世宗末年 改制六等之尺 置田制詳定所 大改田法 然其算積之法 與今不同 詳見田制考 至孝宗朝改量諸路之田 始頒遵守之册 於是一等百負 二等八五 三等七十 四等五五 五等單四 六等二五之差 遂爲金石之典矣.

의가 일어났다. 첫번째 의문점은 田制詳定所라는 관청이 세종대 貢法을 만들어낼 때 활동하였던 기구라는 점이다.[49] 효종대에 田制詳定所라는 관청이 존재하지 않았다는 점에서 의문이 생겨난 것이다. 그리고 『전제상정소준수조획』의 끝부분에 적혀 있는 '開刊'의 의미가 책을 새로 만들었다는 編纂의 의미가 아니라, 木板을 새로 짜서 찍어냈다는 刊行의 의미로 보아야 한다는 점도 지적되었다.[50] 세종대에 설립된 전제상정소의 마지막 활동은 1475년(성종 6) 8월에 착수된 강원도 量田이었다.[51] 이러한 몇 가지 의문점에 비추어볼 때 『전제상정소준수조획』의 제정 연도는 15세기 후반 1475년 무렵이었던 것으로 보아야 할 것이다. 따라서 單一量田尺으로 一等田尺을 사용한 것도 15세기 후반부터로 볼 수 있다.

單一量田尺을 이용한 양전이 진행되면서 16세기에서 17세기에 걸쳐 몇 차례 양전이 시행되었다. 그런데 1634년 甲戌量田을 시행하면서 사용한 量田尺이 『경국대전』에 규정된 수치에 비해서 布帛尺으로 환산하였을 때 1寸이 긴 長尺을 만들어 사용하였다. 1634년(인조 12) 甲戌量田 당시에 사용한 量田尺 즉 이른바 甲戌尺이 遵守尺보다 약간 길이가 길었다.[52] 遵守册에 기록된 量田尺은 布帛尺으로 환산하였을 때 2尺 1寸 2分 6釐인데 반하여 甲戌量田 당시에 사용한 量田尺은 布帛尺 2尺 2寸 2分 6釐여서 布帛尺으로 1寸이 길었던 것이다. 量田尺의 長短은 실제 量田과정에서 파악한 長廣尺數를 結負로 환산할 때 환산한 結負 숫자에 차이를 가져오게 하는 요인이었다. 갑술양전이 시행될 당시에 사용한 量田尺을 후에 甲戌尺이라 부르게 되었다.

18세기 초반 숙종대 후반에 己亥·庚子量田(1719년, 1720년)이 시행되었다. 量田을 시행하자는 주장과 유보하자는 주장이 상당 기간 논란을 벌이다가 실행에 옮겨진 작업이었다. 당시의 量田 시행 과정에서 여러 가지 논란이 있었지만 가장 논란이 되었던 것은 量田尺 문제였다.[53] 量田尺이란 量田 작업에 사용하는 길이의 단위이기 때문에 정확한 수치의 자를 정확하게 만들어 사용하면 아무런 문제가 일어날 여지가 없었다. 그럼에도 불구하고 量田尺이 복잡한 문제로 등장한 것을 甲戌尺이 앞선 양전에서 사용되었다는 점 때문이었다. 甲戌尺보다 짧은 遵守尺을 사용해야 하는지 논란이 벌어진 것이었다. 洪禹傳은 兩南에서 半寸이 짧은 遵守尺을 적용하게 되면 거의 3,4萬結이나 많은 結負를 얻게 된다고 하였다.[54]

甲戌尺과 遵守尺이라는 두 가지 量田尺의 길이 차이는 실제로 계산하면 약 4.62~5.06cm 정도로 대단한 것이 아니었지만, 면적을 계산하는 단위로 올라가고, 전체적인 結數를 감안하면 洪禹傳의 지적대로 몇 萬結의 차이를 초래할 수 있었다.[55] 그리고 甲戌尺은 長尺이고 舊尺이라고 파악하고, 반면에 遵守尺은 短尺이고 新尺이라고 간주하는 인식이 팽배해 있고, 게다가 甲戌量田 당시 사용한 甲戌尺이 각 지역에 잔존하고 있는 상황에서, 短尺을 量田尺으로 채용해야 한다는 주장은 改量을 통해 結負를 늘리려 한다는 혐의에서 자유로울 수 없었다.[56] 庚子量田 당시 量尺을 둘러싼 논의는 遵守尺 = 短尺을 사용해야 한다고 주장한

49) 田制詳定所는 1443년(세종 25) 11월에 설치되었다(『世宗實錄』 卷102 世宗 25年 11月 13日 甲子 (4-524) ; 置田制詳定所 以晋陽大君瑈爲都提調 議政府左贊成河演 戶曹判書朴從愚 知中樞府事鄭麟趾爲提調).

50) 李榮薰, 「『田制詳定所遵守條劃』의 제정년도－同尺制에서 異尺制로의 移行說 검토」 『고문서연구』 9·10, 1996.

51) 『成宗實錄』 卷58 成宗 6年 8月 13日 己丑 (9-251) ; 傳于吏曹曰 江原道量田巡察使李繼宗 戶曹判書李克增兼差田制詳定所提調 正郎鄭臣碩亦以別監兼任.

52) 遵守尺이란 『田制詳定所遵守條劃』에 보이는 量田尺을 가리킨다.

53) 경자양전 당시 量田尺 논란에 관한 본문의 서술은 다음 책을 참고하였다. 한국역사연구회 토지대장연구반, 『조선후기 경자양전 연구』, 혜안, 2008.

54) 『肅宗實錄』 卷64 肅宗 45년 8월 丙辰 (41-79)

55) 周尺을 20.7cm로 환산하고 여기에 기준하여 量田尺을 구하면 1等尺은 周尺 4척 7촌 7분 5리이므로 98.84cm이다. 그리고 布帛尺 46.7cm를 기준으로 遵守册의 규정에 따라 포백척 2척 1촌 2푼 6리인 一等田尺을 구하면 46.7cm×2.126 = 99.28cm이 된다. 양자의 차이는 0.36cm로 거의 차이가 없다. 그런데 甲戌尺은 포백척으로 2척 2촌 2푼 6리이므로 46.7cm×2.226 = 103.9cm이 된다. 따라서 두 量田尺의 실제 길이는 4.62~5.06cm 정도 차이가 난다. 이는 양전척으로 볼 때 약 0.5촌에 해당한다고 할 수 있다. 洪禹傳에 따르면 兩南에서 半寸이 짧은 法尺을 적용하게 되면 거의 3, 4萬結을 더 얻게 된다고 하였다(『肅宗實錄』 卷64 肅宗 45년 8월 丙辰 (41-79)).

56) 甲戌尺과 遵守尺을 각각 舊尺 新尺으로 명칭을 붙이는 것은 甲戌量田 당시를 옛날로 그리고 지금 庚子量田을 수행하는 당시를 현재로

사람들과 甲戌尺 = 長尺 = 舊尺을 사용해야 한다고 주장하는 사람들 사이에 진행되었다.

長尺인 甲戌尺으로 50負인 1등전 田土를 短尺인 遵守尺으로 다시 타량하여 결부수를 산정하면 55負로 계산된다.[57] 短尺을 사용할 경우 조정은 결부수의 10% 정도의 증가를 얻을 수 있고, 반면 소규모의 토지를 가지고 있는 영세한 農民은 전세 부담이 10% 정도 증가하게 되는 것이었다.

量田尺에 대한 논란은 1719년(肅宗 45) 9월 이후 全羅道 均田使 金在魯가 적극적으로 甲戌尺을 사용해야 한다는 주장을 펴면서 결국 長尺을 사용하는 것으로 결론이 나게 되었다. 당시 金在魯가 주장한 골자는 仁祖가 특별히 '損上益下하는 뜻'을 펴서 長尺을 사용하였다는 것을 강조한 것이었다.[58] 경자양전 당시 量田尺을 둘러싼 논란은 民心을 따라고, 民怨을 해소하는 방식으로 결론이 내려졌다. 이와 같은 양전척의 長短을 둘러싼 논의에서 양전척이라는 척도의 문제가 국가의 부세 수취, 백성들의 부세 부담과 직접 연결되어 있다는 점을 실감나게 파악할 수 있었다.

## 4. 맺음말

본문에서 조선시대 도량형의 제작과 활용에 대해서 지극히 간략하게 살펴보았다. 선학의 연구 성과를 보충할 수 있는 부분이 별달리 보이지 않는다. 본문의 내용을 요약 정리하면 다음과 같다. 조선 초기에 도량형의 정비에 본격적으로 나선 것은 세종대의 일이었다. 이는 禮樂의 정비 과정과 연결되어 있었다. 그 내용이 『경국대전』에 수록되면서 도량형제가 법제화되었다. 이후 도량형을 현실의 일상생활과 부세 수취 등의 측면에서 정확하게 채택 활용하기 위해서는 중앙정부의 주도로 도량형을 제작하고 또한 제작된 도량형을 관리 감독하는 것이 필요하였다.

조선에서 도량형의 제작과 관리 감독을 수행하는 방식은 기본적으로 『경국대전』에 규정되어 있었다. 그에 따르면 중앙의 여러 관청과 지방 군현에서 사용할 도량형의 原器를 工曹에서 제작하여 보내주게 하였다. 이 原器를 기준으로 삼아 중앙의 여러 관청과 지방 군현에서 자체적으로 도량형을 제작하여 사용하는 것이었다. 그리고 관이 아닌 사사롭게 사용하기 위해 私處에서 만든 度量衡은 매년 秋分日에 한양에서는 平市署, 지방에서는 巨鎭에서 바르게 고쳐서(平校) 모두 낙인하는 방식이었다. 이보다 앞서 성종대 초반에는 신숙주의 건의로 鐵尺을 주조하여 외방에 내보내기도 하였다. 『經國大典註解』의 도량형에 대한 설명은 특별히 『禮記』 月令篇을 인용한 것이었는데, 이는 度量衡의 정리, 관리, 감독이 사소하고 자질구레한 지엽적인 일이 아니라 군주가 時令에 따라 마땅히 해야 할 일임을 분명하게 선언한 것이었다.

조선시대 도량형의 활용 양상을 살피는 것은 길이, 부피, 무게 등의 측면에서 구체적으로 도량형의 의미가 어떻게 실현되고

---

파악하는 방식에서 유래한 것이지만, 실제로 역사적인 연대로 파악할 경우에는 더 오래된 尺이 遵守尺이다.

57) 1等田이고 甲戌尺으로 50負인 田土를 遵守尺으로 結負數를 산출하면 몇 負가 나오는지 계산해보자. 甲戌尺을 104cm, 遵守尺을 99cm로 추산하여 계산한다. 먼저 甲戌尺으로 1등전 50부를 ㎡로 환산한다. 1把가 1척×1척이고 1負는 1把의 100배이므로, 1負는 10척×10척 = (10×1.04m)×(10×1.04m) = 108.16㎡이고, 50부는 108.16㎡×50 = 5,408㎡이다. 그런데 遵守尺으로 1負는 10×0.99×10×0.99 = 98.01㎡이다. 그러므로 이제 甲戌尺 50負 5,048㎡를 遵守尺 1負 98.01㎡로 나누면(5,408/98.01) 55.29가 나오고 이것이 遵守尺으로 산정한 負數 55負가 된다. 5負 정도 차이가 나는 셈이다.

58) 『備邊司謄錄』 72冊 肅宗 45년 9월 14일 (7-184)

있었는지 따져보기 위한 것이다. 먼저 測雨器는 降雨量을 측정하는 도구로 제작된 것이었는데, 바로 周尺을 이용하고 있었다. 측우기를 통해서 降雨量을 객관적으로 측정하는 방식은 조선 후기에도 그대로 통용되었다. 측우기의 발명은 조선이 지향하고 있던 農本의 입장을 반영하는 것이었다고 볼 수 있다. 이런 측면에서 도량형의 정비라는 작업이 조선사회의 근간을 이루는 農本이념과 깊이 결부된 것이었다는 점을 찾아볼 수 있다고 생각된다.

조선 왕조 초기 세종대인 1441년 개천을 잘 다스리기 위한 목적으로 설치된 것이 바로 수표였다. 수표 제작에 사용된 척도도 周尺이었다. 開川의 水標는 세종대에 설치되었다는 역사적 의의를 갖고 있고 또한 영조대에 濬川이 시행되면서 다시금 새로운 역사적인 의미를 갖게 되었다고 할 수 있다. 이는 곧 王政의 시행에서 개천의 관리에 水標가 중요한 역할을 수행하고 있었다는 점으로 해석할 수 있다.

마지막으로 量田尺이란 量田을 시행할 때 활용하는 단위 척도이다. 周尺을 기준으로 산출하였다. 고려말 이후 農夫의 指尺을 이용하여 上中下等田에서 각각 상전척, 중전척, 하전척으로 활용하였다. 세종대에 貢法이 시행되면서 周尺을 기준으로 여섯 개의 量田尺을 산출하여 사용하였다. 이제 農夫의 指尺을 대신하여 보다 객관성을 갖춘 기준 척도로 周尺을 바탕으로 量田尺을 만들어 양전을 수행할 수 있었다. 그런데 15세기 후반 1475년 무렵에 單一量田尺으로 一等田尺을 사용하기 시작한 것으로 추정할 수 있다.

1634년 甲戌量田을 시행하면서 사용한 量田尺은『경국대전』에 규정된 수치에 비해서 布帛尺으로 환산하였을 때 1寸이 긴 長尺이었다. 그리하여 18세기 초반 숙종대 후반에 己亥·庚子量田이 시작되었을 때 甲戌尺보다 짧은 遵守尺을 사용해야 하는지 논란이 벌어졌다. 短尺을 사용할 경우 조정은 결부수의 10% 정도의 증가를 얻을 수 있고, 반면 소규모의 토지를 가지고 있는 영세한 農民은 전세 부담이 10% 정도 증가하게 되는 것이었다. 논란은 결국 長尺을 사용하는 것으로 결론이 나게 되었다. 양전척의 長短을 둘러싼 논의에서 양전척이라는 척도의 문제가 국가의 부세 수취, 백성들의 부세 부담과 직접 연결되어 있다는 점을 실감나게 파악할 수 있었다.

## 참고문헌


국립문화재연구소, 『대목장(大木匠)』, 1999.

국립민속박물관, 『한국의 도량형』, 1997.

국립부여박물관, 『백제의 도량형』, 2003.

경산시립박물관, 『한국의 전통시장－장시』, 2010.

박상표, 『조선의 과학기술』, 현암사, 2008.

朴興秀, 『韓·中度量衡制度史』, 성균관대학교 출판부, 1999.

朴興秀, 『度量衡과 國樂論叢』, 朴興秀先生華甲紀念論文集刊行會, 1980.

李王基, 「한국의 건축연장－2」 『꾸밈』 46, 토탈디자인社, 1984.

李恩卿, 『韓國과 中國의 布帛尺에 關한 硏究』, 서울여자대학교 대학원 박사학위 논문, 1993.

이종봉, 『한국중세도량형제연구』, 혜안, 2001.

中國國家計量總局 編, 金基協 譯, 『中國度量衡圖集』, 法仁文化社, 1993.